U0935388

珍藏本
纪念版

汉译世界学术名著丛书

道德形上学探本

〔德〕康德 著

唐钺 译

2017年·北京

Immanuel Kant

GRUNDLEGUNG ZUR METAPHYSIK DER SITTEN

Chinese(Simplified Characters) Trade paperback copyright ©2012

by The Commercial Press.

All Rights Reserved

本书根据 T. K. Abbott 英译本 Fundamental Principles of the Metaphysic of Ethics, London, Longmans Green Co. 1911 年版译出

汉译世界学术名著丛书
(120年纪念版·珍藏本)
出 版 说 明

2017年2月11日,商务印书馆迎来120岁的生日。120年前,商务印书馆前贤怀揣文化救国的理想,抱持“昌明教育,开启民智”的使命,立足本土,放眼寰宇,以出版为津梁,沟通中西,为中国、为世界提供最富智慧的思想文化成果。无论世事白云苍狗,潮流左右激荡,甚至战火硝烟弥漫,始终践行学术报国之志,无改初心。

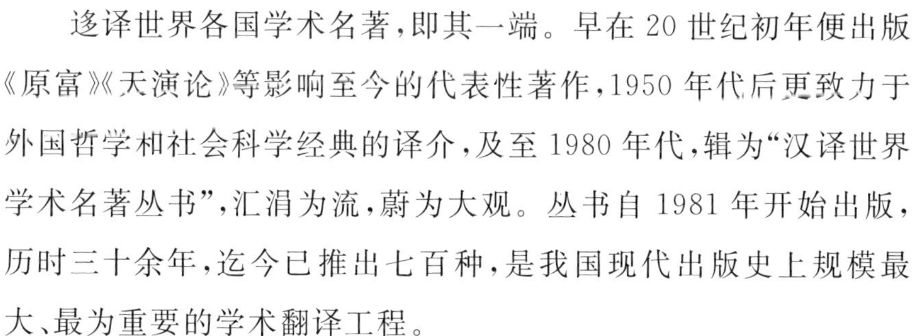

迻译世界各国学术名著,即其一端。早在20世纪初年便出版《原富》《天演论》等影响至今的代表性著作,1950年代后更致力于外国哲学和社会科学经典的译介,及至1980年代,辑为“汉译世界学术名著丛书”,汇涓为流,蔚为大观。丛书自1981年开始出版,历时三十余年,迄今已推出七百种,是我国现代出版史上规模最大、最为重要的学术翻译工程。

丛书所选之书,立场观点不囿于一派,学科领域不限于一门,皆为文明开启以来,各时代、各国家、各民族的思想与文化精粹,代表着人类已经到达过的精神境界。丛书系统译介世界学术经典,引领时代思想，为本土原创学术的发展提供丰富的文化滋养，为推动中国现代学术和现代化进程做出了突出的贡献。

为纪念商务印书馆成立120周年，我们整体推出“汉译世界学术名著丛书”120年纪念版的珍藏本，寄望既利于文化积累，又便于研读查考，同时向长期支持丛书出版的译者、编者和读者致以敬意。

两甲子后的今天，商务印书馆又站在了一个新的历史时间节点上。我们不仅要铭记先辈的身影和足迹，更须让我们的步伐充满新的时代精神。这是商务人代代相传的事业，更是与国家和民族的命运始终紧密相连的事业。我们责无旁贷，必须做好我们这代人的传承与创造，让我们的努力和成果不仅凝聚成民族文化的记忆，还能成为后来人可以接续的事业。唯此，才能不负前贤，无愧来者。

商务印书馆编辑部

2017年10月

小　　引

伊曼努尔·康德(1724—1804)是大家知道的德国古典哲学家。《道德形上学探本》是康德讲伦理学的一部书。在这本书里，他以为道德上的善恶，行为的是非的标准，是超乎经验的形式的原则。人作为有理性者，为自己定下道德规律(形式)，这种规律，不管经验如何，是普遍适用的，换言之，道德规律是超乎经验的。他以为道德在于为义务而尽义务；道德只关行为的动机如何，与行为的效果如何无关。不特追求对私人一己有利的效果的行为不是道德的行为，就是出于对别人的自然同情的行为也不是道德的行为；只有出于纯粹义务心，撇开利己心、同情心等等的行为才可以算是道德的行为。

康德所谓道德形上学，就是要研究道德的超乎经验的纯粹形式。他自己以为他得到了这种纯粹形式。这就是他所谓“无待的令式”(必须无条件地遵行的训令)；这个令式说：“你要这样行为，做到你的行为的规律可以作为一切有理性者的普遍规律”。他企图在这部书中说明通常所谓道德的标准都可以从这个公式引申出来。

康德在这部书中后来又说：一切有理性者自己都是目的，不只是工具；他们只能遵循自己所定的，合乎自己本性的规律，不受外来原因的决定。而道德规律正是这样性质的规律。所以对道德规律的认识使人相信自己是自由的。

西方资产阶级伦理学家中有两派，一派偏重行为的动机的纯洁，主张行为的是非无须等得到经验的效果就可以断定；另一派偏重行为的效果，主张行为的是非必须根据行为的效果好坏来判断。前一派可以用康德这部书为代表；后一派可以用约翰·穆勒的《功用主义》一书为代表。这两部书对西方伦理学界的影响都很大。译者新近已经将后一部书的译本修订印行；现在再把前一部书介绍给读者。这两部书正好做一个对比，可以作为研究和批判资产阶级唯心主义思想的资料。

这部书，我在二十年前曾译出印行。现在将原译文再参考下列两本修改一遍：

（一）德文本

Kant, Immanuel, *Grundlegung zur Metaphysik der Sitten*, herausgegeben von Karl Vorländer, 6te Auflage, Leipzig, 1925.

（二）英文译本

Paton, H. J. *The Moral Law, or Kant's Grundwork of the Metaphysic of Morals*, London, 1947.

但是译文可能还有不妥当的地方，希望读者指正。

译　者

1957 年 6 月

译者附言

（一）本书原著者康德氏，名伊曼努尔，（Kant，Immanuel，1724—1804）。他是德意志境内哥尼斯堡（Königsburg）的人。他是近世第一流哲学家，以批判哲学著名，是用不着介绍的。这一本书是他在1785年写的，是伦理学上的名著。这本书原名Grundlegung zur Metaphysik der Sitten。阿博特氏（Abbott，T. K.）的英译本叫做*Fundamental Principles of the Metaphysic of Ethics*。兹译作《道德形上学探本》。

（二）这本译文主要是根据阿博特英译本，但同时参考德文原著和华逊氏的节译本（在他的《康德哲学》内）。兹将这三本书的原名列后：

Kant，Immanuel，*Grundlegung zur Metaphysik der Sitten* (Herausgegeben von Karl Vorländer. Leipzig，1917).

Kant，*Fundamental Principles of the Metaphysic of Ethics*. Translated by T. K. Abbott. 4th ed. London，1911.

Watson，John，*The Philosophy of Kant*. Glasgow，1908. (Metaphysic of Morality).

（三）书中哲学名词，遇必要时附注西文；除一两个地方附载德文原字外，都附载阿博特氏的原文；另外在卷末附载重要名词英、德、汉文对照表，以供读者参考。

（四）遇着原书各版本的文字有不同的地方，均以阿博特氏所校定的作根据。

（五）阿博特氏的附注，有可以帮助国内读者对于原书的了解的，也酌量收入一些。

（六）康德这本书的文章，不算十分简洁易读。这本译文初稿完毕以后，又修改两次。但也许还有不很准确不很明白之处。如果这样，希望识者指正。

译者识

目　　录

绪 论

古代希腊的哲学分做三科：自然学、伦理学和逻辑。这样分法与事理完全相合；只有一节是可以改进的，就是再加上这种分法所根据的原理，使得我们可以深信这种分法的完密，而且能够决定必需的子目，不致弄出错误。

一切纯理的知识，不是实质的，就是形式的；前者研讨某一种对象，后者只是关于智性的形式和理性的形式，以及一般思想的普遍定律、不涉及思想对象的分别。形式的哲学叫做逻辑。实质的哲学，关于某些一定的对象和这些对象所依从的定律的，又有两种；因为这些定律或是关于自然界的定律或是关于自由的定律。研讨自然律的科学叫做自然学，研讨自由律的科学叫做伦理学；自然学又叫做自然哲学，伦理学又叫做道德哲学。

逻辑不能够有什么经验的部分；这就是说，不能够有一部分，里头所有的普遍的必然的思想律是应依靠由经验而来的根据的；不然，它就不成其为逻辑，这就是说，它就不是可以适用于一切思想的并可以证明的关于智性或理性的法规。反之，自然哲学和道德哲学，无论哪一学，都可以有经验的部分，因方前者是要把自然界认为一种经验对象而确定它的规律，后者是要在人类意志受自然界势力左右这个范围之内确定人类意志的规律；可是，前一组规

律是一切事物实际怎么出现的规律;后者是一切事物理应怎么出现的规律[①],并且后者一定要兼顾到理应发生的事情常常不发生的情形。

一切依乎经验的根据的哲学,我们可以把它叫做经验的哲学:在对待方面,那种只从超乎经验的原理弄到它的理论的哲学,我们可以叫做纯粹哲学。纯粹哲学,如其只是形式的,就是逻辑;如其是限于智性的某些一定对象,就是形而上学。

这样一来,人就以为形而上学有两方面——自然的形而上学和道德的形而上学。由是,自然学有一个经验的部分,另又有一个纯理的部分。伦理学也这样;伦理学的经验的部分也许可以起个专名,叫做实用人类学[②],纯理的部分叫做道德学很相宜。

一切工业、艺术、手工都由分工而有利,那就是说,不是要一个人做各种各样的事情,每人只做一种做法与别种工作显然不同的工作,因此可以把这种工作做得更烂熟,做得极美满。在有些场合,各种工作没有这样分别,没有这样分开,人人还都是万能;在这种情形之下,各种工艺总还在顶粗陋的地位。纯粹哲学,包括一切它所有的各部分的,难道不需要个专门研究的人吗?这是一个问题。有些人因为要迎合大众的好尚,惯于把纯理的和经验的成分混合在一起;两种成分,以种种不同的比例杂拢起来;到底什么比例,他们自己都弄不清。这些人自命为独立的思想家,把专用力于纯理的部分的人叫做琐屑的哲学家。纯理的和经验的研究,这两

① 阿博特注:“规律”(Law)在这里作两种意义用。关于这一点,请看怀特黎(Whately)《逻辑》的附录中论“规律”那一篇文。

② 译者按:康德这里所谓人类学大体属于现在人所谓心理学。

种所需要的方法大大不同，也许各自需要特殊的材力；把这两种工作并在一个人身上只有产生拙劣的工手——我说，假如对于这帮人，警告他们，叫他们不要同时干这两种的工作，难道整个学术事业不是更好些吗？这又是一个问题。这两个问题也许值得考虑。可是，我这里要发问的只是：学问的性质，难道不是要我们永远小心地把经验的部分从纯理的部分分开而在自然学本科（或称经验的自然学）之前加个自然的形而上学，在实用人类学之前加个道德的形而上学吗？这两种形而上学一定要小心地把一切经验的东西弄开，这样，我们才可以知道在这两科中只用纯粹理性能够得多少的成绩，知道理性由什么来源抓到它的这种超验的学理，知道到底是一切道德学家（他们的名字繁多）都从事于道德形而上学的研究，还是只有几个受它吸引的人做这种工作。

因为我这里只是讲道德哲学，我只提这一个问题，就是，建立个完全不带任何仅是经验的并属于人类学的事件的纯粹道德哲学，难道不是极端必要的吗？为的是：这么一个哲学一定是可能的，一看一般人对于义务并对于道德律的观念就明白了。人人一定会承认：假如一条规律要有道德的强制力量，那就是说，要作为一个责务（obligation）的根据，它一定挟有绝对必要的性质；例如"你不应说谎"的训诫，并不是只适用于人类，而其他有理性者用不着遵守的；一切配称为道德律的也是这样。所以，人人得要承认责务的根据一定不要从人性，或是从人所处的世间环境去寻求，一定要超乎经验地单单求之于纯粹理性的概念。并且，虽则任何其他训诫，根据纯乎经验的原理的，也许在某些方面，是普遍的，可是，只要这个训诫有一点点靠着经验的根据，就是极少一点点，也许只是关于一个动机;那末,这么一个训诫,可以是个实用上的规则,但总不可以称为道德律。

所以,道德律和这些律的原理,不特在主要方面与其他种种含着任何经验的事物的实用知识有分别,并且整个道德哲学全是靠着它的纯粹的部分。道德哲学,应用于人类的时候,丝毫没有从对人类本身的知识(人类学)借来什么东西,它是把人看做一个有理性者而颁给他超乎经验的规律。无疑,必须有由经验磨炼的判断,才能够看清在什么事例可以适用这些规律,才能够使这些规律可以达到人类的意志而对于行为有效果。这是因为人受许多爱好的操纵——这些爱好那么多,所以人虽是能够构成对于实践的纯粹理性的观念,但是,他要使这种观念具体地在他生活内生效力,就不是那么容易的事情了。

道德形而上学所以绝对不可少,不特因为在理论方面要探讨超乎经验而存在于我们理性内的实践原理之来源,而且因为假如我们没有那种线索和最高原理,可以正确地作道德的判断,那末,道德自身就很容易腐化。为什么呢?为的是:要使一件行为在道德上是好的,只是它依从道德律,还不够,它还要为着这个道德律而起,否则这一种依从只是偶然的,保不住的;因为一个非道德的原理,虽是不时会产生依从道德律的行为,也往往会产生反乎道德律的行为。我们只能在一个纯粹哲学内找到纯洁的真正的道德律(在实践上这是有绝大关系的),所以我们一定要从纯粹哲学(形而上学)起头;没有纯粹哲学,绝不能够有什么道德哲学的。那个把这些纯粹原理与经验的原理混合的,不配称为哲学(因为哲学所以异于一般纯理的知识就在于哲学把那后者只混杂含糊地见到的事理放在不同的学科内研究它)。那个混合的玩意儿更不配称为道德哲学,因为这样混合了之后,它把道德本身的纯洁性都毁掉了,这是打消它自己的目的了。

虽是这样,读者不要以为这里所要求的,那个著名的服尔夫(Wolff)[①]在他的道德哲学(即他所谓普遍实践哲学)的前头引论中已经有了,因此以为我们用不着开辟完全新的领域。正是因为他的这个道德哲学要作为普遍实践哲学,所以它并没有研讨任何特类的意志(例如,那一个单由超验的原理决定而全无经验的动机的,因而可以称为纯粹意志的意志),只研讨一般的立志作用以及这种立志作用在它普通意义上所包括的一切行为和条件。就在这个地方,他这个道德哲学与道德形而上学有别,就像讨论一般思想的作用和规则之普通逻辑与讨论纯粹思想(即全是超乎经验而认识对象的思想)的各种作用和规则之超验哲学有别一样。因为道德形而上学应该研讨可能的纯粹意志的观念与原理,不是要普泛地研讨人类立志的作用和条件。——这些作用和条件大部分是由心理学取来的。固然,在普遍实践哲学内,也讲到道德律和义务(这实在是没有一点理由)。但是,这不是对于我的话的反驳,因为在这一点,讨论普遍实践哲学的著作家还是没有违背他们对于这种哲学的观念;单由理性,完全不借经验而规定的,并且理应称为道德的那些动机和经验的,即是智性只由比较多种经验而进展为普通概念的那些动机——这两种动机,他们并不分别;他们不觉察

① 阿博特注:服尔夫(Johann Christian von Wolff,1679—1728)著有关于哲学、数学等等的书——这些书被德国各大学用作标准教科书,经过了好久。他的哲学是依据莱勃尼兹(Leibnitz)的哲学的。

到这两种动机来源不同，把它通通认为有一致的性质，只计较这些动机的多少。他们就用这种法式构成他们属于责务的观念——虽则这个责务概念，并不是道德性的，但在这一种对于一切可能的实践概念的（无论是超乎经验的或依乎经验的）来源完全不加判断的哲学内，人也只能求到这种概念。

我想要在将来发表一部道德形而上学；在这里，我先发表这些基本原理。实际上，除了对纯粹实践理性作批判的研究之外，道德形而上学，照理讲，没有任何别的基础；就像已经出版的对于纯粹理论的理性之批判的研究是（自然）形而上学的基础一样。但是，一来，前者的批判没有后者的批判那样绝对地必要，因为在道德的事件，就是在顶平常的人，理性也容易练到很正确很完密，反之，在理论的并纯粹的使用方面，人的理性只是辩证的；[①]二来，要把对于纯粹实践理性之批判弄成完密，一定可以同时指明这种实践理性与理论的理性在某一个共有的原理上是一致的，因为毕竟只能够有一种的，并同一的理性，不过在应用上要分别罢了。可是，假如我要在这里讲得很完密，我一定要提到完全不同类的讨论——这些讨论一定会把读者弄得很乱。因此，我把这本书叫做道德形而上学的基本，不叫做纯粹实践理性之批判。

还有，三来，因为道德形而上学，虽是使人害怕的名目，但可以用通俗的方式，用顶平凡的智力都可以了解的方式讲；所以我见到把这个对道德形而上学的基本原理的入门与道德形而上学分开是有用的。这样，我此后就不用在一部比较简单的书里提到这些确

① 译者按：这里所谓辩证的，是说易生矛盾的。

然是很深远的讨论了。

可是，现在这本讨论正是要研讨并建立道德之最高原理；单单这种工作已经是一个自成整体的研究，并且应该把它从一切其他对于道德的研讨分开。这个重要的问题，前此的考究很是不满人意的。假如把这个原理应用于整个道德系统，我对于这个问题的结论，一定会得到不少光明；这些结论，因为这个原理在全部所表现的适当性，一定会大得证实：这是无疑的。这种好处，到底与其说是有用的，宁可说是快意的，因为一个原理的容易应用，并貌似适当，并不能确实证明它是健全的，其实反而引起人对它抱一种偏好——这种偏好使我们不能够不管效果如何，总把这个原理本身严格地考究，严格地评价。所以我不得不放弃这个好处。

在这本书里，我采取了我认为最合用的方法，就是用分析法，由通常知识进而决定它的最根本的原理；再用综合法，由对于这个原理和它的来源的研究降到应用它的通常知识。因此，这本书的分段如下：

(1) 第一章　由普通的对于道德之纯理的知识转到对于道德之哲学的知识。

(2) 第二章　由通俗的道德哲学转到道德形而上学。

(3) 第三章　最后一步，由道德形而上学转到对于纯粹实践理性的批判。

第一章　由普通的对于道德之纯理的知识转到对于道德之哲学的知识

在这世界内，或是就是在这世界以外，除了好的意志之外，没有什么东西有可以无限制地被认为好的可能。智力、机警、判断力以及其他理智上的材力（无论它叫做什么），或是勇气、果断、坚忍，属于气质上的，无疑地从许多方面看是好的，是人喜欢有的；可是，假如运用这些优点的意志，就是所谓品格不是好的，那末，这些天赋材性也会变成极恶毒极害人的东西。命运的赐予也是这样：权势、财富、荣誉，就是健康，以及完全康宁和对自己境况的满意，即所谓幸福的，假如没有个好意志改正这些对于人心的影响，进而校正整个行为原理，使它适宜于达到它的目的，那末，这些幸运就会使人自负，并且往往使人骄横。一个没有一点纯洁并美好的意志的任何特色的人永远得法，总不会使有思想而无偏心的旁观者高兴看见他这种人。这样说，似乎就是要配得到幸福，好意志也是不可缺少的条件。

就是那些品性，有益于这个好意志，而可以利便它的动作的，也没有固有的无待于外的价值，总是要有一个好意志作为先决条件，这就把我们对这些品性应有的尊重加以限制，不容许我们认它是绝对好的。对激情与情欲有节制，能自克，并能平心静气地谋

虑，不特从很多方面看是好的，并且似乎是一个人的固有价值的一部分；但是，虽则古人曾经无条件地赞美这些品性，其实这些并不配得人漫无限制地称它好。因为假如没有个好意志的准则，这些品性可以变成极坏；一个流氓的头脑冷静不特使他更加危险得那么多，并且在我们眼中，使他比不能冷静更加可恶。

好意志所以好，并不是因为它的工作或成就，不是因为它易于达到某个预期的目的，乃是只因为立志作用，那就是说，好意志本身就是好的，只讲它本身，就比一切它可以为任何爱好，其实，就是为尽所有的爱好而取得的东西，都要更应被看重得多。纵然因为运命特别不利，或是因为晚娘似的自然界的供给过于吝啬，这个好意志完全缺乏达到它愿望的能力，纵然本人虽则极端努力，还是毫无成就，还只有这个好意志（当然不单是一个发愿，而是尽心力而为之的企图），这个好意志也还是像宝珠似的，会自己放光，还是个自身具有全部价值的东西。它的有用或是无结果，对于这个价值既不能增加分毫，也不能减少分毫。好意志的有无结果，比方说，只是一种布景，使我们能够在通常与人交接的时期更方便地运用这个意志，或是能够引起那些还不能赏鉴它的人对它注意，但不是使我们能够把它献与真赏家鉴赏，或是能够估定它的价值。

然而，以为意志自身有绝对价值，完全不讲它的功用，这种观念好像有什么奇怪的地方——奇怪到虽然就是普通人也彻底赞成这个观念，但又一定会猜疑，以为这种观念也许实际只是恣意幻想的产物，并且也许我们这样看法对于大自然赋予人理性以统制意志的用意不免误会。因此，我们还要从这个观点考究这种观念。

在一个有组织的生类，那就是说一个与生活的目的恰相适应的生物，关于它的形体的结构，我们假定个基本原理，就是，除了最恰好最适应于特种目的之器官以外，不会有为任何种目的而生之器官。说到具有理性和意志的生类，假如大自然的本来目的是要它保存，要它安好，简言之，要它享幸福，那末，大自然竟然选择了它的理性担任这件事，那就是采取了一个很坏的办法了。因为这个生物为求幸福而必须做的一切动作以及它的行为的全部规划，假如由本能规定，一定会更加靠得住得多；由本能去求幸福，比由理性去求，成功也更加有望得多。如果这个特受宠眷的生物所禀得的理性额外之多，一定也不过要使它能够赏识它自己本性构成得恰好，能够赞美这个本性，庆贺自己有这样本性，为这件事而觉得感激恩赐的来源，并不是要这个生物把它的欲望听那个脆弱的执迷的向导作主，因而用笨拙的法子干涉大自然的用心。总而言之，大自然一定早已设法使理性不挺身出来实地作用，也不用它脆弱的澈悟力擅自为自己定出求幸福的计划，以及取得求幸福的工具的方法。大自然一定不特要自己选定目的，一定也选定手段，并且因其有先见之明，一定要将这两重责任完全付托与本能去履行了。

其实，我们见到理性有教养的人越是存心地把理性用于追求生活的享乐和幸福，这个人就也越得不到真正的满意。因为这种情形，许多人（假如他们够坦白，肯供认）都感到某程度的对理性的厌恶，尤其是那些对于运用理性最谙练的人；因为计算了所有他们得到的好处（我不是说由于关乎一切对于日常奢侈品的发明这方面的好处，就是由于在他们看来只是人类智力的奢侈品的那些学问的好处）之后，他们就知道他们实在与其说是得到更多的幸福，宁可说是捐了更多的困难。结果，这一帮人对于那一帮比较庸俗的人，更顺从本能的指使而不让理性对他们行为有多大影响的人，实在是羡慕，而不是轻视。并且，那些人要把理性对于幸福和生活的满意上给予我们的利益打个大折扣，甚至要把它算做低于零的，他们的判断绝不是对于世界宰理的良好这一层不理会或是不感激。这种判断的根源是在于他们以为人类的生存有个不同的更高尚的目的，理性应该是用于追求这个目的，不是为幸福起见，因此这个目的一定要算做最高条件——比起它，人的私有目的大部分一定要算做次要的：这是我们必须承认的。

为什么呢？理性对于意志的对象以及对于我们一切需要的满足上并不能够把意志指导得正确；其实理性在某程度内反而增多我们的需要；在满足需要上，理性远不及天赋本能靠得住。同时，理性赋予我们，是作为实践的能力，就是要左右意志的能力。所以，假如承认大自然分配能力，大都使工具适应目的，那么，理性的真正目的一定是要产生一种意志——不特因其为取得别的什么东西的工具而算做好的，而且它自身就是好的意志；要产生这种意志，理性是绝对必需的。这样说，这个意志，虽然不是惟一的完全的福利，一定是最高的福利，是一切其他好处（就是幸福的欲望也在内）的条件。理性的修养既然是这个第一并无条件的用途所需要的，它就不免在很多方面与追求那个第二并总是有条件的（即幸福）不相容，至少在人的这一生是这样：好意志既然是至高的福利，那末，这种不相容并不使我们怀疑以为大自然赋予人类能力有什么不得当。其实，理性尽可以把幸福弄得完全没有，而还不致使大自然的计划失败。因为理性承认建立个好意志是它的最高的实践

上的目的;达到这个目的了,理性只得到特种满意,——就是,虽然爱好的目的多数落空,而单由理性决定的目的居然达到这件事实所引起的满意。

所以,一种本身值得极端尊重,不用再讲到别的而自身是好的意志,这个概念,我们得要把它发挥;这一个概念,就是具有稳健的而未经训练的智力的人的心中也早已有了,只须把它弄清楚,不须重新教诲。我们要估计我们行为的全部价值,这个概念是首要的,是一切其余的条件。要发挥这个概念,我们要先讨论义务(duty)这个观念——义务观念包含着好意志这个概念,不过还有某些主观的限制和障碍罢了。可是,这些限制与障碍不特不会遮蔽好意志,使它认不得,而且因为对衬,反而使它涌现出来,照耀得更加明亮。

有好些行为,虽是可以用来达到这个或那个目的,但已经公认为与义务不相容——这些行为,我这里完全不提,因为它会与义务冲突,当然不会发生它是否出于义务心这个问题。还有些行为,实际上合乎义务,但人对它没有直接爱好,只是为别个爱好所驱使而实行它——这些行为,我也撇开;因为在这些地方,我们很容易看出来合乎义务的行为是出于义务心,还是因为利己的目的而履行。但是,假如一件行为既然合乎义务,而行为者又有直接爱好要实现它,那末,这种分别就难得多了。例如,卖东西的人不应该对无经验的主顾抬高价钱,这永远是个义务;并且在生意很盛的地方,有远虑的商人是不会抬价的,他对人人总是卖一定价钱,使得小孩子也可以去买,和别人一样。这样,他的交易是诚实无欺的;但这还不够使我们相信这个商人这样做是因为义务心,并因为诚实起见:

其实，他私人的利益就要他这样。在这个事例，我们绝不能设想他另外还有直接爱好要给买主便宜，显示他给一切买主平等的利益是出于诚心的爱好的样子。所以，商人这种行为不是出于义务心，也不是出于直接爱好，只是出于利己心。

再举另外一个例子，保存生命是一件义务；并且人人也都有直接爱好要这样做。但是，因为这样，大多数人的小心保养生命，这种行为，并没有根本的价值，他们的行为格准没有道德上的意义。固然；他们保全他们的生命是**合乎义务**的，但不是**出于义务心**。反之，假如灾祸和绝望弄得这个人全无生趣；假如这个不幸的人，意志坚强，并不丧气，对于他的运命十分愤激，想要自杀，但他虽是已经无心留恋生命而仍旧保存它——不是由于爱好或恐怕，而是出于义务心——那末，他的格准就有个道德价值了。

在我们能够仁慈的时候实行仁慈，这是一件义务；并且不少人那么富于同情，使得他们并不是因为要自夸或自利，而自然觉得使旁人快乐是种快意的事情——假如别人的满意是由于他们的力量，他们就觉得高兴。然而，我以为在这种事例，这样的行为，无论是多么正当，多么可爱，总没有真正的道德价值，只不过与其他爱好居于同等地位——这类爱好，例如好荣誉，假如恰巧目的在于有益公众并合乎义务因而是荣誉的事情，是值得赞美并鼓励，但不值得敬重。因为道德的意义就在于这种行为应该**出于义务心**，不是出于爱好，所以这样行为的人的格准没有道德价值。假如那个慈善家自己给他自己的忧患包围，弄到他对别人境况的同情心完全消灭，虽然还能够拯救别人出患难，但因为自顾不暇，别人的困苦并不动他的心；再假定他由这种麻木不仁的状态中自己摆脱出来，虽然没有施惠的爱好而单因为是义务就实行慈善的行为，这样，他的行为才有真正的道德价值。再进一步说，假如一个人本来很缺乏同情心，假如他在其他方面是个正直的人，但是性情冷淡，对于别人的困苦不关心，也许因为他对自己的困苦，生性能够忍耐并镇定，而且设想别人也能够这样，甚至要别人也能够这样（这种人当然不是顶卑鄙的人物）；这种人假如生来不适宜于做慈善家，难道不还可以使他本身具有比那生来慈善的人所能有的高得多多的道德的人品吗？无疑，是可以的。正是在这种地方，才表现出高于一切的那种品格的道德价值，就是，他所以仁慈，不是由于爱好，而是由于义务心。

求得自己的幸福是一个义务，至少间接地是这样；因为一个人不满意于自己的环境，受多种忧虑的压迫，有许多不满足的需要，这样的心境容易变成很大的诱惑，使他背弃义务。在这种地方，又见到与上文说的一样的例：一切人，不必靠着义务，就已经对于幸福有极强烈极深切的爱好，因为幸福这个观念正是把一切爱好合成一个总体的观念。然而关于幸福的训诫的性质往往使这些训诫与有些爱好大大冲突；而且一个人对于一切爱好的满足的总量，（即所谓幸福的）也不能够得什么一定的确实的概念。因此，单单一个爱好，假如它所许给的东西和可以满足的期限都是确定的，往往能够战胜那种游移的对于幸福的观念；例如，一个患关节痛的人可以随他高兴享乐，不顾将来怎样受苦，因为据他的盘算，至少这一次，他没有因为不可必的，说是将来健康可以赐予的幸福而牺牲目前的享乐——这种事情用不着奇怪。可是，就是在这个事例，纵使求幸福的一般欲望没有影响他的意志，并假定在他，健康并不一定要盘算到，但在这例同在一切别的例一样，“他应该不是为爱好而是为义务去增进他的幸福”这个规律还适用，并且由于这个，他的行为才有真正的道德价值。

基督教《圣经》中有些话，命令我们爱我们的邻人，甚至爱我们的仇人——这些话，无疑地也要同样解释。因为感情上的爱不能够由命令发生，但因为义务关系而施仁爱是可以命令的；就是我们并没有什么爱好要施仁爱，甚至有自然而然的不能自克的憎恶，不愿这样，义务上的爱总是可以命令的。这是实践上的爱，不是情感上的爱——是出于意志，而不出于感官的嗜欲的爱——是根于行为上的原则的爱，不是出于慈悲的同情的爱；只有这个爱，可以命令人实行。所以，第一个要义是：行为要有道德价值，一定要是为义务而实行的。[①]

第二个要义是：出于义务心的行为所以有道德价值，不是因为它所求达的目的，而是因为决定这个行为的格准；所以这种价值不是靠着行为的目的之实现，只是在于行为由以发生的立志作用所依据的原则，与欲望的对象无关。由上文所说，可以明白见到我们行为的目的或是行为的结果（被行为者认为意志的归宿和根源的）不能使行为有任何绝对的或道德的价值。这样，我们行为的价值，假如不在于追求某种对象的意志，还能够在于什么呢？除了决定意志的原则以外，这个价值不能够在于别的地方。因为意志位于它的超验的原则（那是形式的）和它的依验的动机（那是实质的）的中间，好像在两条歧路中间一样。并且因为意志一定要有原则决

① 这一句是阿博特氏注文；兹移置本文中，使上下文较易明了。

定它，所以在人由于义务而行为，完全撇开一切实质的原则的时期，行为一定是由节制一切立志作用的形式的原则决定的。

行为必须出于尊重定律；义务就是这样行为之必要：这个就是第三要义，实在是上述两个要义的引申。一种对象，假如认为我要做的动作的结果，我也许爱好它；但正因为它是结果，不是意志的自发活动，我对它始终不会尊重。同理，无论是我自己的，或是别人的爱好，我不会尊重；假如是我的爱好，我至多只能容许它；假如是别人的，我至多会有时喜欢它，那就是认它有利于我。只有与我的意志牵连的原则，绝不是与它牵连的结果——那无补于我的爱好而反压服它，或是，至少在决定取舍的时候不顾虑它的原则——换言之，只有规律本身，可以做尊重的对象，因而可以做命令。这样，出于义务心的行为一定要完全排除爱好的势力以及意志的一切对象，做到在客观方面除了这个规律，在主观方面除了纯粹对这个行为上的规律的尊重，因而除了“就是牺牲我的一切爱好，我也应该遵守这个规律”这个格准①以外，没有什么能够决定我的意志。

这样说，行为的道德价值不在于所期望于这个行为的结果，也不在于要从这种结果得到原动力的任何种行为原则。因为一切这些结果——例如一己环境的舒服，乃至别人幸福的增进——都可以由别的原因产生，所以用不着有个有理性者的意志才可以得这个结果；而这种意志正是惟一的可从以求得至高的绝对的好处的所在。所以，第一等的好处，即我们所谓道德的至善，只是规律这

① 格准(*maxim*)是意志的主观原则。客观原则就是行为上的定律；所谓客观原则就是假如理性能完全节制欲望，就可以在主观方面作为一切有理性者的行为上的原则的那个原理。

个概念(当然只有有理性者才会有这个概念),假如是这个概念(不是所期望的结果)决定我们的意志的话。这种好处,依照这个概念行事的人早已具有,我们用不着等到结果才有它。[1]

那种规律(只要概念,不要计较任何结果,就决定意志的规律)到底是什么样的规律,才可以使我们认这个意志是绝对地无条件地好的呢?我既然把意志的一切可以由服从任何特项规律的冲动剥夺掉,剩下的只是行为与普遍规律的符合,只有这种符合应该作为决定意志的原则。这个原则就是:我一定要这样行为,使得我能够立定意志要我行为的格准成个普遍规律。这样不假定任何特项可以适用于某些行为的规律,只是与普遍规律符合这一件,正是意志应该依据为原则的;并且假如义务不至成为虚夸的妄想和空幻的概念,那末,意志一定要借重这种符合做原则。普通人的理性,在行为上的判断完全与这个相合,始终记住这里所提出的原则。

① 在这里也许人可以反驳我说,我用尊重这个字,只是躲在一种模糊的情感里面,并没有用理性的概念把这个问题清清楚楚地解决一下。可是,虽然尊重是情感,它不是受自外来影响的情感,乃是由个纯理的概念自己养成的,所以与前类可以归于爱好或恐怖的一切情感性质不同。我所直接认为节制我的规律,我怀着尊重而承认它。尊重只是指我觉得我的意志是从服规律,并不受其他影响我感官的势力的干涉。意志受规律直接决定,并觉得这样决定,这就是尊重,所以尊重被认为是规律对于行为者的结果,不是规律的原因。尊重就是"牺牲我的自私心的一种价值"这个概念。因此,虽然尊重有些地方像爱好,有些地方像恐怖,这种价值既不是爱好的对象,也不是恐怖的对象。只有规律是尊重的对象;这个规律是我们把来自律而却认为它本身是必要的规律。惟其是规律,我们牺牲自私心去服从它;惟其是我们把来自律的,它是我们意志的成绩。从前一方面看,它有地方像恐怖,从后一方面看,有地方像爱好。尊重一个人应该只是尊重他以身作则的规律(例如诚实律等等)。因为我们也认增进我们的才能是个义务,所以我们把我们所见于有才能的人身上的当做一个规律(即磨练自己,使得在这方面像他)的示范;这种认为示范就是我们的尊重。一切所谓道德的兴趣不过就是对规律的尊重罢了。

比方要解决的问题是：在危难时候，我可以不可以作个许诺，而同时存心不要实践它呢？这里，我很容易看出这个问题有两种不同的意义：第一是做个假许诺"值得不值得，"第二是这样做对不对。无疑，假许诺往往是不值得的。我明明见到用这种狡猾手段苟免于目前困难是不够的，还要细细考虑这样撒谎将来会不会引起比目前不方便更大的不方便；因为，无论我怎么样狡猾，总不容易预断信用一经丧失，将来的害处不会比任何此刻求避的祸害大得多，所以应该想想看，依照普遍格准做，养成除了存心践诺之外就不作什么许诺的习惯会不会更值得。可是，这么一个格准还只是由于怕将来的结果，这是我顷刻就看出来的。要晓得：由义务心而重然诺，和由恐怕坏结果而这样是完全不同的两件事。在第一件，只是这件行为的观念本身已经包含着我应该遵守的规律；在第二件，我一定要从别方面看看这件行为会不会引起什么影响我个人的结果。因为，违犯义务的原则固然断断是坏恶的；可是，虽然遵守我"值得才做"的格准当然更稳当，但不遵守这个格准往往也会于我很有利。要对"假许诺是否合乎义务"这问题求个答案，最敏捷最不会错的方法就是：自己问自己说，"我情愿不情愿我这个格准(用假许诺以避免困难)作为普遍规律，使别人同我共同遵守呢?"我能不能对自己说，"人人在无法避免目前困难的时候，都可以做个骗人的许诺呢?"这样我就立刻见到，虽是我能够立意撒谎我绝不能够立意要撒谎成个普遍规律。为什么呢？为的是：在这种规律之下，许诺是不可能的，因为人家不相信我的话，我许人将来我要怎样做，都是枉然的，假使他们仓猝地相信我，将来也一定要同样对付我。因此，我的格准，一作为普遍规律，就必定要自己打消自己了。

所以，我用不着什么了不得的精明，也能够看出要使我的意志在道德上好，我得要做什么事情。无论我对于世事怎么样无经验，对世界的一切变故怎么样不能够准备，我只要问我自己说：你能够立志要你的格准成为普遍规律吗？假如不能够，你这个格准一定得要除掉；这并不是因为它对我或就是对别人会发生什么害处，乃是因为它不能够作为普遍规律，而同时理性却强迫我们无条件地尊重普遍律。固然，我还没有看出这种尊重是以什么为根据(这个可以由哲学家去研究)，但至少我懂得这种尊重是对于一切我的爱好所要献给我的事物的价值都重要得很多的价值作评价，并且我懂得行为要出于纯然对行为规律的尊重，而这种必要就是义务——对于这种尊重，一切其他动机都得让步，因为有了它，意志才会本身就是好的，而这么个意志的价值才是高于一切的。

如上文所论，我们没有离开普通人的理性所有的道德知识，也终于得到这种知识的原理。虽则普通人无疑地不会把这个原理弄到这么抽象这么普遍的方式，但实际他们总是念着它，把它作为他们取舍的标准。有这个准绳在手，人不难在件件事例看出什么是好，什么是坏，什么是合乎义务，什么是不合，只要我们像苏格拉底(Socrates)一样请他们注意他们自己用的原则，丝毫用不着教他们什么新东西；所以我们用不着科学和哲学才知道我们要怎么做才会诚实才会好，或是会明哲并有操守——这都很容易指明的。其实，我们很可以预先猜到对于‘人人理应做什么，因而理应知道什么’这种知识是人人，就是顶平凡的人，也可以有的。在这种地方，我们不能不称赞在普通人，实践的判断力所给予的利益比理论的判断力大得多么多。在理论方面,假如普通人敢于离开经验的律例和感官的知觉,他就不免弄到不可解和自相矛盾,至少要弄到乱七八糟的一堆的不确定、不明了、不稳当。但在实践方面,正是在普通人把一切出于肉欲的动机从实践规律内排除掉的时候,他的判断力才显出优胜之点。在那时候,还是他哄骗自己良心或哄骗其他关于所谓善行的要求呢,还是他要教自己怎么样能够诚实地决定行为的价值呢,他的理解都很深妙;假如是要替自己决定行为的价值,那末,他也同任何哲学家一样有希望作破的之判断。不止这样,通常人几乎可以说更靠得住能作正确的判断,因为哲学家不能够有什么别的原理:他很可以把许多与本题无关的思想扰乱他的判断,因而离开正路。因为这样,在道德的事件上,接受普通人的判断,或是至多只在要使道德学的系统更完密更易解,它的规则更好用(特别是用于辩论)的时候才请哲学帮忙,此外,不用哲学去害普通人的理智,弄到失掉它幸有的实践上的纯朴,或是去把它引到新的研究和教练的路径内:这难道不是更上算的吗?

纯朴固然是很光荣的,可是,从另一方面请,纯朴假如不能好好自保,因而容易受外力破坏,那也是很不好的。因为这个原故,就是明哲(并且明哲所关,与其说是知识的,宁可说是行为和不为的)也得需要科学的研究,不是要从这种研究学到什么,乃是要替它的训诫得到承认并永久性。人觉得他自己有许多需要和爱好,这些完全满足就是所谓幸福;同时有许多义务的命令,人的理性指出这些命令是极值得尊重的:那些需要和爱好是一切这些命令的强有力的对头。而且,理性的命令是强硬不让步的,并不许给爱好什么满足,并且对于这些爱好不理会,瞧不起;可是,这些爱好却是那么热烈，那么近情，不肯受任何命令的压服。因此，一种自然的辩证法就产生了；所谓自然辩证法，就是一种倾向，使人对这些严厉的义务律作诡辩，怀疑它的效力，或是至少怀疑它的纯洁和严厉性；并且，假如做得到，使它更合于我们的愿望和爱好，那就是要从它的源头那里就污秽它，完全毁掉它的尊严——这种行为，就是普通人的实践理性也不能够终认为好的。

于是人的平常理性不得不越出它的范围以外，踏进实践哲学的领域里头了；这并不是因为要满足理论的需要（假如平常理性只是要止于做稳健的理性，绝不会有这种需要），乃是为实践起见——那就是要明白地知道这种理性的原则的来源；并要把这原则规定得正确，以与根据需要和爱好的格准相抗，期于可以没有互相冲突的要求来纷扰，不至于因为这原则容易犯的模棱病而丧失掉一切真正的道德原则。这样，假如实践理性经过积渐培养，那末，它就会不知不觉地产生一种辩证法——这种辩证法迫它求助于哲学，也像在理论方面它这样求助一样；所以在实践方面同在理论方面一样，人不到对我们理性作过了彻底的批判之后不会停止的。

第二章　由通俗的道德哲学转到道德形而上学

到此刻为止，我们是由实践理性的通常应用内求得我们对于义务的概念。但是，我们绝对不要因此以为我们把义务概念认为经验的概念。其实，关于人的行为的经验，我们常常听到人埋怨说要找到纯然发自义务的行为，就是只要找到一个例，也找不到——我们承认这个埋怨是有根据的。虽然好多行为是合乎义务所指定的而行，可是，这些行为是不是严格地出于义务心（因而有道德的价值）始终是说不定的。因此，在任何时代，都有些哲学家完全否认人类行为真会纯然发自义务，他们把一切行为认为都是出于精致（程度或高或低）的自私。这并不是他们因为这样就怀疑道德的概念不健全；其实他们说到人性的脆弱和卑污，都是诚心地惋惜——惋惜的是：虽则人性高尚到使它能够把这样可尊重的概念作为行为的规则，然而却没有遵守这个规则的力量，因而把应该替它规定行为律的理性只用来营求爱好的满足（无论是单个爱好的满足，或是顶好也不过各项爱好彼此间尽可能的最高度的调和）。

实际上，要想从经验内找出行为的格准（无论这件行为在别方面是多么对的）只以道德上理由和义务概念为依据的实例，就只要

的的确确地找出一个实例，也是绝对不可能的。有时候，我们就是极深刻地内省，除了义务原则之外，也总找不到什么东西能够有力量使我们做这件或那件行为，使我们作这么大的牺牲；但是，我们不能因此断定事实上不是有个秘密的自私冲动冒充义务而决定了我们的意志。这样，我们把比较高尚的动机妄认为自己行动的理由，因而自己恭维自己。其实，就是经过极严密的省察，我们也不能完全看出行为的秘密动机。为的是：关于道德价值的问题，我们要考究的不是我们能看见的行为，乃是我们看不见的那些发生行为的内心原则。

不特这样，世界上有些人把一切道德认为都不过是人的想象力在那里作不自量的幻想；假如我们让步对他们说义务的概念必须只从经验求得（就像人因为懈怠，愿意以为一切其他概念也是这样求得），那末，我们使他们如愿的方法比这个再好没有了——因为这就是让他们靠得住得到胜利。为爱惜人类，我甘愿承认我们的行为大多数是合乎义务的，可是，假如我们把这些行为察看得更深切些，我们就要处处见到这个亲爱的自我始终占着首要的地位，我们行为的目标是自我，并不是义务的严命——义务是往往需要自我牺牲。能冷静观察，因而不会把为善的愿望（无论怎么样热烈）误认为真的善行的人，虽是不反对道德，也可以有时疑心到世界上，无论在什么地方，到底实在有没有真道德；特别是年事增进，判断力因经验而更加精明，又更能够作深刻的观察的时候，他会这样疑心。所以，除了深信就是世上始终没有真是纯然发自义务的行为也没有关系，理性总是完全不借经验，由自力指定应有的行为，这个事实以外，没有什么法子可以保得住我们不至完全丢掉我

们对于义务的观念，或是可以在我们心坎里维持深根固柢的对于义务律的尊重心。有些行为，世上至今还没见过一个例；从那以经验为万事的根据的人看来，也许连这些行为可否实现都很可疑；然而理性却发出不可违犯的命令，叫人实现这些行为。例如，虽则世上也许始终没有过一个完全诚实的朋友，但人人交朋友要完全诚实这个需要并不因此而减少分毫；因为我们以为理性用超乎经验的原理决定意志这个观念在一切经验之先已经包有对朋友诚实的纯粹义务。

而且，除非我们否认道德的概念有任何真实性，或是与任何可能的对象有关，我们一定要承认道德律必定是普遍适用，不特适用于人，也适用于一切真正有理性者，不特只适用于某些偶然的情形，或是有些例外情形不适用，乃是绝对必定适用的。这样一说，我们可以明白：就是这种必然律的可能，也是没有什么经验能够使我们推测到的。因为假如只根据经验，那末，那个也许只适用于人类的偶然情形的训诫，我们有什么权利能够那样极端推崇，认为普遍适用于一切有理性者的训诫呢？假如决定我们的意志的规律只是经验的，不是完全超乎经验，由纯粹实践理性出发的，那末，这些规律怎么样可以认为决定一切有理性者的意志（因而也决定人类的意志）的规律呢？

并且，假如我们想要由榜样求道德，那末，就没有什么别的方法比这个更是加于道德的致命伤了。因为我们所见到的榜样个个都得要先用道德的原则试验它配不配做原始的榜样，那就是说，配不配做模范。可是，模范也绝不是产生道德概念的源泉。就是新约四福音中的圣人（指耶稣），也得要先将他与我们对于道德完满的理想比较以后，我们才能承认他是我们的理想；所以他讲到他自己说："为什么你们说我（你们看见的）好；除了上帝（你们没看见的），没有一个是好的（好之模范）。"这样说，我们到底从什么地方可以得到至善的上帝这个概念呢？这只是从理性超乎经验而设想并把来与意志自由这个概念连成一气的那个道德上完满的观念内得来。在道德内，模仿绝没有地位的，榜样不过只用于鼓励人罢了，那就是说，榜样确实证明道德律所命令的可以做到，它把行为规则所比较广泛地表现的弄成看得见的事实。但榜样总不能使我们有权力丢开出自理性的真正原样，单跟它的指引。

所以，没有什么真正的道德上最高原理，不是超乎一切经验的，不是单单依据理性的。假如我们所求的不是通俗的，而是哲学的知识，那末，我想我们绝用不着问：这些超乎经验而成立的道德上概念以及属于这些概念的原理，是不是应该从普遍方面（抽象地）说明它。在我们眼前这个时代，这样问问也许是必要的，因为假如用投票法公决还是道德形而上学（丢开一切经验的事物的纯粹理性的知识）还是通俗的实践哲学好些，那末，我们很容易猜到那边会得大多数的赞成。

这样降格去利用通俗的概念确然是可嘉的，假如我们预先攀到纯粹理性的原理而且得到满意的成绩的话。这是说：我们要先依据形而上学建立道德学，到了道德学巩固之后，再把它通俗化，以期得到人们的倾听。但是，原理所借以达到健全的第一步研究，就想要通俗，这是极荒谬的办法。不特这种做法永远不能够得到真正的哲学通俗化；（因为自己完全不求彻底了解，就没有什么可以得人了解的技术）而且这种做法的结果只是弄出杂凑的观察和半想不透的原理——一堆可厌的杂乱的东西。头脑浅陋的人喜欢这种东西，因为可以用它作日常的谈助，但明眼的人就见得这只是一团乱丝，他们觉得不满意，但也没有法子，只有不睬罢了。哲学家把这种谬误看得极清楚，他们叫人暂时不要这种虚伪的通俗化，到了得到确定的了解以后当然可以有合理的通俗化，然而他们的忠告有很少被人听从的机会。

我们只要回看道德家的那些迎合民众的企图，就见到有时候是人类的特性(但包括一个有理性者这个观念)，有时候是完满，有时候是幸福，有地方是道德感，有地方是畏上帝，一点这个，一点那个的，非常之混杂；他们偏不想问问道德的原理是否应该从对于人性的知识(这只能由经验得来)寻求。假如不能从那里寻求，假如这些原理要完全超乎经验，只从纯粹的理性的概念得来，绝不能从任何其他地方得来，那末，我们就宁可把这些原理的研究作为另外一种研究，作为纯粹实践哲学，或是(假如可以用极受人讥评的名词)道德的形而上学，[①]宁可把这个研究先弄完，叫那要通俗讨论的大众静等这种研究的结局。

这么样的道德形而上学，完全独立，不与任何人类学、神学、自然学或自然而上学(hyperphysics)相杂，更不与诡秘的现象[这些可以叫做自然而下的(hypophysical)]相杂，不特是一切明确的对

① 就像纯粹数学与应用数学有别，纯粹逻辑与应用逻辑有别一样，我们假如要这样做，也可以将道德的纯粹哲学(形而上学)与道德的应用哲学(应用于人性的哲学)分别起来。这种分别立刻可以提醒我们，使我们记得道德原理不是以人的各种特性为根据，乃是可以超乎经验而独立存在的；不过从这些原理可以演绎出适用于一切有理性者，因而适用于人类的实践规律罢了。

于义务的理论知识所不可少的基础，而且同时是要当真实行义务的训诫时候的极重要的必需工具。因为纯粹的义务概念，不与任何外来的依于经验的欲望相杂的，简言之，道德律的概念，单由人的理性（理性于此才觉得它独自也能够成为实践的）就能够对人心发生极强烈的影响——这种影响比一切其他可以从经验界得来的动机[①]都强烈得那么多，所以它觉得自己的尊严，看不起那些动机，能够把那些动机逐一克服。混杂的伦理学，一部分是由情感和爱好得来的动机，一部分是由理性得来的概念混合而成的，一定要使行为者的心志游移于那些动机之间——在混杂伦理看来，那些动机是不能够归在任何一个原理之下的，是只有碰巧才达到善，常常是归于恶的。

由上文所说，我们可以明白：一切道德的概念所有的中心和起源都在于理性，完全无所待于经验，并且不特在于纯粹理论的理性，而且一样实实在在地在于人的极平常日用的理性。这些概念不能由任何经验的（即非必然的）知识抽象而得；就是因为它的起源这么纯洁，它才配做我们最高的实践原则。假如我们加上经验

① 已故的苏尔瑟（Sulzer）有一封信给我，问我“为什么缘故，关于道德的训诲，虽然包有许多为人的理性所信服的道理，功效还是很少？”因为要想答复得更完备，我稽迟着没有回信。可是答复不过如下：教师自己并没有把他们自己的概念弄纯粹，因为要弥补这种缺点，他们从处处搜集道德的动机，想把他们的“药弄得极猛烈，但反而把药弄坏了”。因为就是极平常的人也知道：假如在一面是出于坚强意志的诚实行为，丝毫不顾及这一世或死后的任何种利益，并且就是受需要或饵诱的极强烈的吸引也照样实行，在另一面是同一件诚实的行为，但是受外来动机的影响，无论这影响多么小，那末，前一种行为远胜后一种行为；前一种能使性灵高洁，能鼓舞人愿意自己照样实行。就是颇小的儿童也会受这种印象感动，所以人千万不可用任何其他见解对儿童讲说义务。

的东西，那末，我们加多少，就把这些道德概念的真实力量并我们行为的绝对价值减少多少。只由纯粹理性得到道德的概念和规律，把这些照纯粹不杂的方式表现给人，并且测定这个实践的或纯粹的理性的知识领域，这不特在建立道德理论上极端必要，并且在实践上也是这样。我们假如要这样测定纯粹的实践理性的全部，一定不要只从人类理性的特质引申出这种理性的原则，虽则在理论的哲学内，可以这样，有时甚至必须这样。因为道德律应该适用于一切有理性者，所以我们一定要由有理性者这个一般概念引申出道德律和全部道德。由是虽是道德应用于人类的时候需要有人类学，然而最初我们一定要把道德当做纯粹哲学，那就是当做自成整个体系的形而上学（这在这种抽象的学科内，是容易做到的）讨论。因为我们明白知道假如我们没有这种形而上学，不特要为理论的批判计而考究善良行为内的义务成分是枉然的，并且就是要为平常的实践计而想把道德根据于真正的原则也一定是不可能——尤其是假如我们要施道德的教练，期于养成纯然合乎道德的情性，使这种情性根深柢固，期于增进世界上的最大量的可能的福利，那就更是不可能的事情了。

在这个研究，我们不特要从平常的道德判断（这也是很值得尊重的）循序渐进，达到哲学的判断，如上文所说那样，而且要由只是凭借榜样，摸索而前的通俗哲学进到形而上学（这是不为经验所限，因其须考察理性知识的全部，就涉到超出榜样的概念），因此，我们必须把实践的理性由规定它的行为的普通规则起，一直到它得到义务概念为止的步骤细细地推寻，清清楚楚地叙述。

自然界的品物，件件都是照着规律活动。只有有理性者能够照着他对规律的概念（即照着原则）行动，那就是说，有理性者有个意志。因为从规律引申出行为需要理性，意志只是实践理性。假如理性绝对地决定意志，屡试不爽，那末，这种有理性者的行为，如其在客观方面被认为必然的，在主观方面也是必然的，那就是说，意志的功用就在于单单采取理性不顾个人爱好而认为在行为上必然的（即好的）行动。但是，假如理性自身不能够把意志完全决定，假如意志受制于不能长远合乎客观条件的主观条件（即特殊冲动）；简言之，假如意志自身不完全合于理性（在人类，就是这样），那末，在客观上认为必然的行动，在主观方面只是偶然的（contingent）。因此，这种意志受客观的规律决定，才叫做强制（*obligation*）①。那就是说，假如意志不是完全好的，那末，我们认为这个意志会受理性的原则的决定，但不是照它的本性就会必定遵从这些原则的。

一个意志必须遵从的客观原则的提出就是理性的命令；表现这个命令的公式叫做令式（Imperative）。

一切令式都是用"应该"这个话表示，这是要指明那应该遵从这些令式的意志不是照它的本性就必定会受理性的客观规律决定（强制）。令式说，做某事，或是不做某事是好的，可是它所命令的意志就不是单单因为做是好就做，或不做是好就不做的。要记得：凡是由理性的概念决定意志的行为，换言之，不由主观的作用，而由客观的即适用于一切真正有理性者的原则决定意志的行为，在

① 译者按：此字在英文有"被钳制而不得不为"之义。此处德文原字是Nötigung，英文译作 Necessitation，更好。

实践方面就是好的。好与快乐是完全不同的。快乐是那些纯然主观的原因由感觉作用而影响当事人的意志的结果；这些原因随个人的感受作用而不同，而理性的原则乃是适用于一切人的。[1]

完全好的意志也是要受客观规律（即关于善好的规律）的管辖；但我们不能说它是被强制而照这些规律行动，因为照它的本性，它只能受关于善好的概念的决定。因此，没有什么令式可以适用于上帝的意志，或是任何其他神圣的意志；因为神圣的意志必定自然而然地与规律相合，所以“应该”这个话完全不适用。令式只是那些用以表示一切意志的客观规律对于这个或那个有理性者的不完善的意志（例如人的意志）的关系的公式。

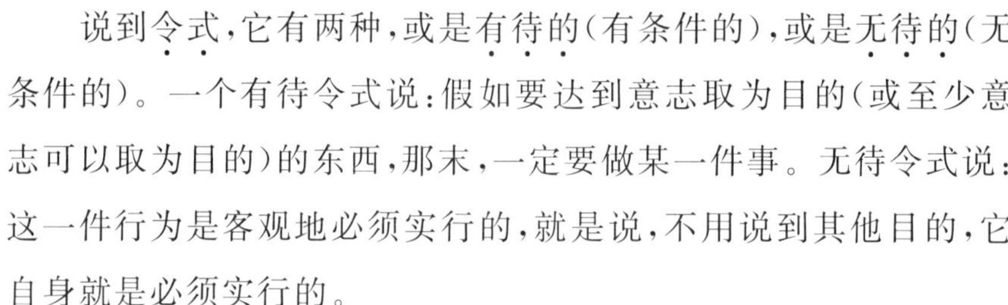

说到令式，它有两种，或是有待的（有条件的），或是无待的（无条件的）。一个有待令式说：假如要达到意志取为目的（或至少意志可以取为目的）的东西，那末，一定要做某一件事。无待令式说：这一件行为是客观地必须实行的，就是说，不用说到其他目的，它自身就是必须实行的。

一切实践规律都是表示一件可能的行动是好的，因而表示这

[1] 欲望依附于感觉，就是所谓爱好，所以这种依附总是表示有个需要。可以由偶然条件决定的意志依附于理性的原则，就是所谓兴趣。因此，只是有所依附的意志，自身不是永远合乎理性的，才会有兴趣；我们不能设想上帝的意志会有兴趣。可是，人的意志能够对一件事有兴趣，而同时不由兴趣发为行动。有兴趣是对这件行动有实践上的兴趣；由兴趣行动是对这行动的对象有情感上的兴趣。前者只表示意志依附于理性的原则自身；后者指示意志因爱好起见而依附于这些原则，理性不过贡献怎样可以满足爱好的需要的实用规则罢了。在前者，行动自身使我发生兴趣；在后者，行动的对象使我生兴趣（因为这个对象可以使我愉快）。在第一章里，我们已经知道：在出于义务心的行动，我们一定不要注意到对于行动的对象的兴趣，只要注意到对行动自身以及行动所据的理性原则（即规律）的兴趣。

件行动是个可以遵从理性行动的人必须实践的。所以，一切令式都是决定照那在某些方面是好的意志必须实现的行动的公式。假如行为所以好，只因为它是得到什么别的东西的工具，那末，这个令式就是有待的；假如这件行动是被认为本身是好的，那末，这个令式，因其是本就合乎理性的意志所必有的是这个意志的原则，就是无待的。

这样，令式就是说我的可能行动，什么是好的。有一种意志，并不因为一件行动是好的就立刻实行，这或是因为立志者不知道它好，或是因为他虽然知道是好，却被反乎实践理性的客观原则的行为格准所操纵而不能实行。令式对这种意志提出一个实践规则。

有待令式只说：一种行为对某一个可能的或真有的目的说是好的。假如目的只是可能的，这个令式就是疑问的实践原则；假如是真有的，它就是记实的实践原则。那个不用说到目的（那就是说，除了它自身是目的之外，不用说任何其他目的），就断定一件行为本身或客观地是必须做的无待令式，就是自明的实践原则。

凡是有理性者有力量能做到的事情，无论什么，可以认为某个有理性者的意志的一个可能的目的；因此，那些决定要达某些可能的目的必须有什么行为的原则是不可胜数的。一切科学都有个实用的部分，包括着表示我们可以有某个目的那些问题，以及指点这个目的怎样可以达到的令式。这些令式可以统统叫做技术的令式。在这些地方，目的是否合理并善好，是不成问题的，问题只在于要达到这个目的，一定要做什么。医生把病人弄得完全健康，和下毒的人把要毒的人弄得非死不可，他们俩的令式，从它宜于完全达到目的这方面看，是具有同等价值的。因为在年少的时候，不知道将来会有什么目的，所以父母总想法使他们的儿女学许多事情，使儿女对于各种各样的凡是随意想得到的目的，都学得使用所需工具的技术。这些种种目的之中，没有一个，做父母的能断定将来不会成为儿女的目的；无论如何，儿女将来有这个或那个目的都是可能的。父母对于技术方面那么过虑，所以弄到对于儿女关于可以采取为目的的那些东西的价值的判断，常常不加以培养或改正。

但是，有一件，我们可以假定一切有理性者（只要他们不是绝对独立者，就是只要令式可以适用于他们）实际认为目的；所以，世上有一件，我们可以稳稳地说定他们不特可能把它做目的，并且由他们本性的必需，实在把它做目的。这一件就是幸福。断定要增进幸福必须作某一件行为的有待令式是记实的有待令式；因为我们不应该把幸福认为只是可能的不必然的目的，应该认为是我们不待经验就可以断定人人照本性必定会有的目的。说到得到个人自己的最大幸福，对于达到这个目的之方法上善于采择，可以叫做明哲——从最狭义的说。[①] 因此，只是关于用什么方法可以得到一己的幸福的令式（即明哲的格准）一定是有待的，因为它不是绝对地命令人行为，不过以这件行为求达其他目的罢了。

最后，还有一个令式，它并不预期一件行为应该达到什么目的，只是直接命令人要做这一件行为。这一个令式是无待的令式。

---

① 明哲（德文 klugheit）这个字有两个意思：第一是通达世故；第二是关于个人自身的明哲。前者指一个人利用别人以达到自己目的之能力；后者指能够综合一切这些目的以得到他一己的永久利益的智虑。前者的价值应该靠着它促进后者的功效；假如有个人从前义说是明哲的，从后义说是不明哲的，那末，我们不如说他是聪颖、狡猾，可是统算起来还是不明哲。

它与行为的内容以及人预期行为得到的结果无关，它只注意行为自身所从出的形式和原则。假如行为者的动机是好的，无论结果怎么样，行为根本是好的。这个令式可以称为道德的令式。

依据上述三种实践原则的立志作用还有一个显著的分别，就是意志的强制力（使人不可不为的力量）有不同。要把这种不同标明得更明白些，我想顶好把这三种照它的顺序叫做（一）技巧的规则，（二）明哲的劝告，（三）道德的命令或规律。因为只有定律才包含着无条件的客观的必要（所以这个必要当然是普遍有效的）；命令就是必须遵守的规律，那就是说，纵使这命令反乎爱好也必须遵守。劝告固然也包含着必要，但这种必要只在偶然的主观的条件之下才适用；这个条件就是到底是否有人把这个或那个认为它的幸福的成分。反之，无待的令式不受任何条件的限制；它虽是只在实践上必要，却是绝对地必要，所以它可以十分正当地叫做命令。我们也可以把第一种令式叫做专门的（属于技术的），第二种叫做实利的[①]（属于福利的），第三种叫做道德的（属于一切自由的行为，即德行的）。

现在要发生一个问题了，就是，怎么样会有一切这些令式呢？这个问题并不是，一个令式听命令人实行的行为怎么样实现？乃是每个令式怎么样能对于意志有表为任务的强制力？怎么样会有技巧的令式，用不着特别解释；因为志于这个目的的人也志于他力

① 依我的意思，似乎“实利的”（指 pragmatisch 原字）这个话的真义，这样界定，是顶准确的。因为所谓实利的制裁（*sanctions*）并不是国法内认为必需的规定，乃是为公共福利起见而应有的预防。假如一部历史教人明哲，那就是说它教人类怎样可以将他们的福利弄得更好，至少同古人一样好，那末，这部历史就是为实利而编的。

量能得到的为达这个目的所不可少的工具(假如他的行为是由理性决定)。只就立志作用说,这个命题是分析的。假如我所志的是得到什么结果,那末,我一定以为我是发生这个结果的主动原因,或是以为我是运用求得这个结果的工具的主因。所以,这个令式不过说:设想人志于这个结果就直接包含着为要这结果所必须实现的行动,这个意思。无疑,要决定求得某个结果的特殊工具必须有某些综合的命题;可是这些命题与意志的原则或作用无关,不过表示怎么样可以实现这个目的罢了。例如,要依照一个不会错的原则把一条线平分成两半,我一定要从这条线的两端画两个相交的孤;无疑,数学只用综合的命题讲说这个法子;但是,假如只有这个法子才能实现我们要用的作法,那末,说假如我真立志要这个作法,我就也立志要这个作法所需要的动作,是个分析的命题;设想我用某种方法能得到的结果,和设想我为求这种结果照这种方法动作只是一件事。

假如对于幸福和对于特殊目的一样容易有个确定的观念,那末,明哲的令式一定会同技巧的令式性质一样,因而前一类令式也是分析的。因为假如这样,我们就可以说,立志要这个目的的人(按理性,必然地)也立志要他力量能得到的求达这个目的所需的惟一工具。但是,不幸得很,幸福这个概念是那么模糊,弄到虽是人人要幸福,然而人人对于他自己实在要什么、志于什么不能说得确定,不能说得可以自圆其说。所以这样是因为:幸福概念所有的一切成分都是经验的,那就是说,这些成分是一定要由经验取得的;可是,同时幸福概念又包含一个绝对的总量,就是在我的现在和将来环境中的最大福利。就是顶有见识的并顶有力量的(只要他的见识力量不是无限的），要他对于他自己所要的幸福实在是什么有个确定的观念，也是不可能的。他要财富吗？那末，难道他不会因此弄到两肩膀上背着多少的忧虑、企羡和困惑吗？他要知识和明见吗？难道这类识见不会只是更锐利的眼光使他觉得现在看不见的无可奈何的祸害更可怕，或是使他已经对付不了的欲望上的需要更要加多吗？他要长寿吗？谁能够担保长寿不成为长苦呢？他至少要健康吗？可是，我们多常见身体不舒服的时候所避免的放纵，而因为完全健康反而明知故犯呢？此外还有许多，可以类推。简言之，无论依据什么原则，他都不能够确然断定什么东西会使他真真快活（有幸福）；因为要能够这样，他要无所不知才行。因此，我们求幸福的行动，并不能根据任何确定的原则，只能根据经验的忠告，例如，卫生、节俭、客气、慎言等等都是经验教我们，就平均说，是顶能增进幸福的。因此，严格说，明哲的令式并不是命令；这些令式并不能客观地说这件行为是**必须**实行的；所以我们必须认它为理性的劝告，不是理性的诫令。这样说，怎么样可以确定地普遍地决定什么行动会增进一个有理性者的幸福这个问题是完全不能解决的，所以不会有一个，严格地说，能够命令人实践求幸福的行为的令式。这是因为幸福不是出于理性的理想，是出于想象的理想，是单单根据经验的理由的；要期望这些理由能够规定人可以把来取得全串结果的行为是枉然的（因为组成幸福的那些结果是无穷尽的）。然而，只要那求幸福的工具可以确然知道，明哲的令式就是个分析的实践命题。因为明哲的令式与技巧的令式只有一件不同，就是，在后者，目的只是可能的，在前者，目的是实有的；并且，在两例内，所令的都不过是求达目的的工具，所以规定

“志于这个目的的人也志于求它的工具”这个令式也都是分析的。因此,明哲的令式是可能的这件事情是不难见到的。

从别方面说,只有“怎么样会有道德的令式”这个问题是要解决的,因为这种令式绝不是有待的,它所含的客观的必要性不能够像有待令式那样根据于什么假设。在这儿,我们万不要忘记了:我们不能够引用榜样(换言之,从经验方面)证明有这么一个令式。我们一定要小心,恐怕一切似是无待的令式归根到底只是有待的令式,例如“你不应该假许诺人”这个诫律;假定这并不是说:“你不应该假许诺,因为怕万一给人知道,你的信用就要给你自己毁了,”换言之,这个诫律并不是仅仅劝人要避免另外什么害处;乃是说:这一种的行为本身就应该认为害处,所以这个禁止的令式是无待的——假定是这样,那末,在任何实例,虽是意志好像是只由道德律决定,我们还是不能够确然断定它实实在在是单单取决于这个定律,绝没有什么别的动机。因为意志也许暗中受怕丢脸,许还受对于其他危险的恐怕的影响:这总是可能的。在经验所能告诉我们的只是我们见不到有个原因的时候,谁能够用经验证明那个原因实际上不存在呢?假如真有这么个原因,那末,所谓道德的令式,好像是直接的无条件的,其实只是个实利的告诫,叫我们留心我们自己的利益,并且只教我们照顾这些利益的告诫。

假如一个令式的实在,可以由经验知道,那末,我们就只要解释它的可能,无须证明它的可能。但无待的令式没有这种好处,所以我们必须不依傍经验而研究这种令式是否可能。同时,我们一开头就可以明白:只有无待令式有充作实践规律的资格;其余一切令式只可以叫做意志的原则,不但能做规律。为的是:因求达某个任意选定的目的而有的行动可以认为只是偶然的；假如我们放弃这个目的，那末，我们就可以随便什么时候不受这个告诫的拘束。反之，无条件的命令绝不许意志采取相反的行径；因此只有这种命令挟着规律所必有的那种必然性。

然而，怎么会有无待的令式，换言之，何以有道德律，这是很难领悟的。这么一个定律是个超乎经验的综合的实践命题。[①] 在理论知识界内，怎么会有这种命题就是很难懂的；所以我们很容易猜到在道德界内怎么会有这种命题，也不会更容易了解。

要解决这个问题，我们开头就要研究无待令式这个概念自身会不会就可以给我们一个公式——包含惟一的可为无待令式的命题的公式。纵使我们知道这么一个绝对命令的旨趣，但是这种命令何以可能还要特别费力研究；这种研究要等到末了一章再进行。

假如我只有对于有待令式的概念，那末，在我不知道适用这个令式的条件之先，我不能说这个令式包含着什么内容。可是，假如我只有无待令式的概念，那末，我就立刻知道这个令式的内容。因为除了规律以外，这个令式所包含的只有格准[②]要合乎这个规律这种必要。但是，规律并不包含着限制规律的条件，所以行为的格

① 我把行为与意志联起来，并不预想有任何出于爱好的条件，这种联结是超乎经验的，因而是必然的（不过只是客观的，即假定理性能完全控制一切主观的动机），所以，这一个实用命题并不用分析法由已预想的行为引申出要实现一个行为的志愿（因为我们没有这么完全的意志）；这个命题把这一个志愿直接与特个概念联起来——这个概念就是让有理性者的意志不是这一个志愿所包含的东西。

② 格准（*maxim*）是主观的行为原则，一定要与客观的原则（即实践规律）分别起来。格准包着理性照当事者的条件（往往是他的无知或是他的爱好）而定的实践规则，所以格准就是当事者实际行为的原则。但规律是适用于一切有理性者的客观原则，是他应该怎样行为的原则，那就是说，是个令式。

准只应该合乎规律自身的普遍性。只有这种合乎规律的性质,可以说是这个令式认为必要的。[①]

因此,只有一个无待令式,就是:只照你能够立志要它成为普遍规律的那个格准去行为。

假如一切关乎义务的令式能够由单单这一个令式演绎出来,就像由这些令式的原理演绎出来一样,那末,就是我们不能断定义务这个概念绝不是空洞的,我们至少也能够指出所谓无待令式是指什么,并这个概念包含着什么事情。

支配万象的继续生起的规律是普遍有效的,就是我们从(在形式上)最广义说所谓自然;换言之,自然就是指其存在受普遍律支配的品物。因此,普遍的义务令式可以这样说:照以为你行为的格准由你的意志弄成了普遍的自然律那个样子去行为。

我们现在要列举一些义务,照通常样子把它分做对自己的与对别人的义务,又分做完全的与不完全的义务。[②]

(一)假如有个人接连地遇着不幸的事情,弄到万分绝望,不乐意再活下去,但他却保存着相当的理性,会自己问自己说"自尽

① 译者按:这一句照原文应译为"可以说是认这个令式为必要的。"阿博特氏认为是原文排印错误。较新的版也与他同意。

② 这里要注意的是:我把义务的分类搁在将来要写的"道德形而上学"内再细说:所以在这儿我用这种分类法只算随意选定,不过好排列我的示例罢了。再要说的是:我所谓完全义务就是个不特地为爱好留例外的义务;我又把这类义务分为外部的与内部的完全义务。这种分法与这个名词在学院内的用法相反;可是我不想在这儿替这种分法辩护,因为无论承认不承认这种用法,就我现在的目的看,都是一样的〔(阿博特注)通常以为完全义务是可以用外界法律强制执行的义务;不完全的义务是不能用外界法律强迫执行的义务。前者也称为有定的或法律上义务(*officia juris*),后者也叫做不定的或道德上义务(*officia virtutis*)〕。

果然不会与他对自己的义务冲突吗?”要解决这个问题,他要研究他行为的格准能不能成为普遍的自然律。他的格准是这样:为爱惜我自己计,我采取“遇到再活下去大概会苦多乐少的时候,我就折短我的生命”这个原则。随后只要问,这个根据自惜心的原则能不能成为普遍的自然律。这样一来,我们就立刻见到:假如在一个自然界内利用专司促进生活的感情去毁灭生活是个规律,那末,这个自然界一定会内部自相冲突;所以这种自然界是不会有的。因此,上述的格准绝对不能够成为普遍的自然律;由是这个格准完全与一切义务的最高原理不相容。

（二）又假如有个人因为穷窘必须借钱。他虽然明知将来不能清还,但知道假如他不满口答应在一定的时候可以归还,他一定不会借到什么钱的。他想要这样答应,但他还有相当的良心,使他自己问自己:难道用这种法子解决困难不是不合法并与义务冲突吗?假定问了之后,他还是要这样做,那末,他行为的格准就是如下:遇着我要用钱的时候,虽然我明知我将来总不能归还,我也要借钱,并且还要答应将来一定归还。这个自私的原则也许可以同我的整个的将来福利相合;但眼前的问题是:这个原则究竟对不对?所以,我就把这个自私的提议变做普遍律,把问题这样表示:假如我的格准是个普遍律,会怎么样?这样,我就立刻见到这个格准绝不能作为普遍的自然律,否则一定会自相矛盾。因为人人在困难的时候都可以随便许诺,同时存心将来不实践,假如这种行为是普遍律,那末,许诺以及许诺所含的目的都是不可能。为的是:这样一来,没有人能相信会有人许诺他什么事情,人人都要嘲笑一切这种许诺,认为都是空话。

（三）又假如有个人，知道自己有材力，倘若经过相当的培养，可以使他成为在很多方面都有用的人，他境况很舒服，宁愿纵情享乐，不愿意苦心努力去发展他的幸有的天赋能力。可是，他还知道问自己说：我这样暴弃自己天才的格准，除了合乎我任情作乐的性癖以外，是否也与所谓义务相合呢？他也见到：就是人（都像南洋群岛上的土人一样）让他的才力荒废不用，专门游手好闲，寻开心，生男育女——简言之，专门行乐，人也可以设想有一个自然界，流行这么一个普遍律的。但是他绝对不能够**立志**要这个真成为普遍的自然律，或是立下志愿要我们有个暴弃天才的本能。他既然是个有理性的人，他必定立志要他自己的材力发展，因为这些材力会帮他达到各种各样的可能目的，并且自然赋予他这些材力，也是要使他能做各种各样的事业。

（四）又假如有个人，很得法，看见别人忍受穷苦，而他能够帮他们的忙，他就想：这干我什么事？让各人各自随他的天幸，或随他的本领尽量享福；我不抢他什么东西，也不羡慕他，我只是不愿意出什么力气去增进他的福利或是救助他脱离苦难！无疑，假如这种想法是个普遍律，人类也尽可以生存；并且，无疑，人类还可以比在这个世界（人人说同情，说善意，乃至想法子实行这些好意，一两回，可是同时能骗人就骗人，不忠于人权，或出别的花样侵犯人权的世界）过着更好的日子。但是，虽然可能有个合乎那个格准的普遍自然律存在，但要**立志**要这么一个原则像自然律那样普遍有效是不可能的。这样发愿的意志一定要自相矛盾，因为人会遇到很多事情，使他不得不需要别人的爱惜和同情；在这些时候，要是有这么一个出于他自己意志的自然律，他一点也不能希望得到他要得的什么帮助。

这些都是许多实在义务，至少是我们所认为实在义务的，其中的几件；这许多义务，由我们已经定下的那一个原则引申出来，这是极明显的。这个原则就是，我们一定要能够立志要我们行为的格准成为普遍律。这是对一般行为的道德评价的标准。有些行为因为它的特性，弄得人要设想它的格准是普遍的自然律而不陷于自相矛盾都不能够，不用说我们要立志要这个格准应该成普遍律离可能更远。在其他行为，并没有这个根于本性的不可能；但要立志要这些行为的格准升为普遍的自然律也还是不可能，因为这么一个意志一定会自相矛盾的。前一类行为是违反了严格的或不可稍变的义务；后一类不过违反了比较不严格的或是格外的(meritorious 译者按：意指可以褒奖的)义务。这些示例完全指明一切义务，就它强制执行的责务的性质上论(不是就行为的对象上论)，所以都是根据那一原则的情由。

假如在一切违反义务的时期，我们内省心里的作用，那末，我们会见到实际上我们并不立志要我们的格准成为普遍律。要我们这样立志是不可能的；反之，我们实在立志要那与我们格准恰恰相反的应该仍旧做普遍律，不过我们妄自以为在我们自己身上可以自由地替我们的爱好开个例外，或是以为单单在眼前这个特别时期可以这样。所以，假如我们把一切事例从同一的观点看，就是从理性的观点看，那末，我们就见到我们意志内有个矛盾。这个矛盾就是：我们承认有个原则，在客观方面说，是必要的，或是说，是个普遍律，然而我们又以为在主观方面说，不是普遍的而是有例外的。我们的办法是：在这个时期把我们行为从完全合乎理性的意志的眼光去看，在另一个时期又把它从受私人的自然爱好所操纵的意志的眼光去看。所以，这儿并没有真正的矛盾，只是我们的爱好与理性的命令对抗罢了。原则的"普遍如此"变成只是"大概如此"，使得理性的实践原则可以对那行为的格准让步一半。这种对普遍律加以限制，不特假如我们平心而论，是没有道理的；并且这种自欺的办法反而证明我们实实在在还是承认无待令式的效力，不过替我们自己开几个例外罢了——这些例外，我们想法子把它看做无关紧要，或是以为是事势所迫，不得不如此。

假如义务这个概念会有意义，会定下我们的行为律，那末，这个观念一定要由无待令式表示，不是由有待令式表示：至少这一点，我们已经看到了。假如必定包含一切义务的原则的无待令式是会有的，这一个令式对一切实际应用的义蕴是什么，我们也已经得个明白清楚的概念了（这是一件很要紧的事情）。可是，我们还不能够不待经验直接证明实际上有这么一个令式，实际上有个绝不依赖任何一个动机，只凭自身的权威就可以发绝对的命令的实践规律，并且遵行这个规律就是义务。

要想得到这个论点，最关紧要的是：我们要知道我们绝不能够由人性的特点证明这个原则是实有的。因为义务是指行为在实践上无条件的必要性；我们只有证明义务是适用于一切有理性者（只有对于这一切有理性者，令式才可以适用），才能够证明义务是适用于一切人的意志的规律。反之，凡是由人类的特别天性，由某些情感和性癖，乃至由人的理性的任何特别倾向演绎出来而不必定适用于个个有理性者的原则，只能充做格准，不能做规律；只能给我们一个主观原则，我们也许有照它行为的倾向的原则，不能给我们一个客观原则，能够指令我们就是遇着一切我们的性癖、爱好和自然倾向都与这原则相反的时候也照样行为的原则。其实，越少的主观冲动遵从义务的命令，越多的反对它，却总不能够把这个规律的强制力或这个规律的效力削弱分毫，这样，义务的命令的宏伟和固有的尊严就也越看得明白。

所以，在这里，我们看到哲学确然到了紧急关头了，因为虽然上至天、下至地，都没有能够支持它的东西，然而它却非弄得巩固不可。在这个地方，哲学一定要证明它是纯粹的，是它自己的规律的裁定者，并不是只把一个天赋官能或任何其他监护人类的天性所嘱咐的原则布告给人。虽则有这些原则比完全没有总好些，可是一切这些绝不能够产生理性裁定的原则。出于理性的原则，一定要完全不由经验来的；所以它的无上权威完全在于规律的高于一切的性质，以及人对规律应有的尊重，一点不在乎个人的爱好；否则本人一定要自己菲薄自己，要自己痛恨自己了。

因此，无论什么经验的成分，不特不能够帮助道德的原则，而且反而极不利于道德的纯洁性，因为绝对好的意志的真正的无量的价值就在于行为的原则完全不受偶然理由（经验只能供给这种理由）的影响。这种松懈的，甚至于卑鄙的，要从经验的动机和律例找它的原则的思想习惯是应当严戒的。关于这个，我们的警告，绝不会太厉害，或太常说；因为人的理性，在困倦时期，很喜欢靠着这个软垫，在乐意的梦想之中（“它不抱天仙而抱幻象”）把道德变成个杂种的坏东西——这坏东西，人要想看见它什么样子，它就成什么样子，不过从瞻仰过美德的真相的人看来，它总不像美德。[1]

这样，当前的问题就是："有理性者要评定他们的行为，一定要问他们能不能立志要他们行为的格准充做普遍律，"这个是不是适用于一切有理性者的必然律？假如有这么一个必然律，那末，就可以完全不待经验而证明这个定律与有理性者的意志这个概念连在一起。要证明有这一种连结，无论我们多么不情愿，我们一定要进一步到形而上学里头去；可是，不是到理论的哲学内去，乃是到道德的形而上学内去。实践的哲学不是要找出实际发生的事情的理由，乃是要找出理应发生的事情的规律（尽管这件事情始终没有发生），就是要找到客观的实践规律。在实践哲学里，我们不必考究：为什么有些东西会快意或逆意？仅仅感觉的快乐与鉴赏怎样不同？鉴赏与理性的整个满足是否又有分别？快乐或痛苦的感情由于什么？欲望和爱好怎样由苦乐之情登生？又怎样由欲望爱好与理性合作的结果得到行为的格准？因为这些问题通通属于经验的心理学；假如我们认自然学为根据经验的规律的自然哲学，那末，经验的心理学就是自然学的第二部分。但是，我们在这里是要讨论客观的实践规律，因此我们要讲的是那在意志全由理性决定这个范围内意志与它自身的关系。在这个范围内，任何涉及经验的事物当然要排除掉，因为假如纯由理性自身决定这个关系（这样决定的可能正是我们现在要考究的），那末，理性一定是不待经验而这样决定的。

① 瞻仰美德的真相，就是将毫不掺杂感性事物，毫不附带福报或私利那些假装饰的道德加以观赏。无论什么人，假如他的理性没有完全坏，还能抽象，只要他理性一点点费力，就可以很容易看到这种真正道德比任何其他似乎怡情的事物都美好得多。

意志是被认为决定自己依照某些规律的概念去行动的一种能力。这一种能力，只是有理性者才有的。充做意志自决所根据的客观理由的根据就是目的；假如这个目的是纯然出于理性，它一定是适用于一切有理性者的。反之，只是达到这个目的之行为所以可能的条件的事物，叫做工具。欲望的主观根据是冲动，意志的客观根据是动机；所以根于冲动的主观目的与根于一切有理性者所共遵的动机的客观目的有个分别。假如实践原则撇开一切主观目的，那末，它就是形式的；假如它依据于主观目的，即依据于冲动，那末，它就是实质的。凡是有理性者任意取为他行为要达到的结果（实质目的）完全只是相对的；因为只是由于这些目的与行为者的欲望的关系，这些目的才有价值。因此，这些目的不能够产生普遍的必然的原则，就是，不能够产生适用于一切有理性者并使一切意志不得不遵守的实践规律。所以，一切这些相对的目的只能产生有待令式。

但是，假定有个只是其存在就有绝对价值的东西，因为自己就是目的所以能够做正要规定的规律的根据的东西，那末，在这里，只在这里，才会有个无待令式或实践规律的根据。

那末，我说，人，实则一切有理性者，所以存在，是由于自身是个目的，并不是只供这个或那个意志任意利用的工具；因此，无论人的行为是对自己的或是对其他有理性者的，在他的一切行为上，总要把人认为目的。凡是爱好的对象都只有个相对的价值；因为假如没有这些爱好，没有它所引起的需要，那末，它所取为目标的对象就一点没有价值。爱好和需要绝没有绝对价值，值不得单为爱好需要而求爱好需要，所以凡是有理性者都一定会情愿完全不受它的操纵。因此，凡是须由人的行为求得的对象，没有一件的价值不始终是相对的。就是不靠着我们的意志而靠着自然力存在之物，假如是没有理性的，也只有工具所有的相对价值，因此，我们把它叫做'东西'。反之，我们把有理性者称为人，因为他的本性就证明他就是目的，不能只当做工具。人既然是应受尊重的对象，所以一切对他的任意处理就受某种限制。个人并不是单单主观的目的，不是因为它是我们行为的结果，它的存在才对于我们有价值的目的；人乃是客观的目的，那就是说，他的存在即是目的，没有什么其他只用它做工具的目的可以代替它；否则宇宙间绝不会有具有绝对价值的事物了。假如一切价值都是有条件的，因而都是偶然的，那末，要有理性的任何种最高实践原则，一定都是不可能。

假如真有个最高的实践原则，或是支配人的意志的无待令式，那末，它一定是意志的客观原则，一定能够作为普遍的实践规律。为的是：这么个原则一定是由"那因其自身是目的就当然是人人的目的之对象"这个概念引申出来。这个原则的根基是在于：有理性之物是以自己为目的而存在。人当然认为他的存在是这样的；在这个限度内，这个根本原则是个支配人的行为的主观原则。可是，个个别的有理性者认为他自己的存在也是这样，并且因为对我也适用的同一理由。① 所以这个原则也是客观的，并且它是最高的实践根据，意志的一切规律一定是可以由它演绎出来的。因此，实践的令式是如下：你须要这样行为，做到无论是你自己或别的什么人，你始终把人当目的，总不把他只当做工具。我们现在要考究看实际上能不能做到这样。

① 这个命题，在这里只是个公设(postulate)，这个公设的理由详最后一章。

让我仍旧用上文所举的例子。

第一，关于对自己的必要义务。想要自杀的人应该问他自己说，到底他的行为与‘人自身就是目的’这个概念能不能相容？假如他因为要避免苦况就自杀，那末，他就是把他这个人当做只是，维持个受得了的境况到死为止的工具。然而，人不是一个东西，那就是说，人不是只能做工具的，而且在人的一切行为上，一定要认人自身为目的。因此，我不能够对在我身上这个人作任何种处置，或是使他残缺，或是损害他，弄死他。（把这个原则厘定得更准确些，期于免掉一切误解，例如，为要保存性命而锯断四肢，或反先把生命冒险等类：这是伦理学本科的任务。所以我们这里不讨论这个问题。）

第二，关于对别人的必要义务，即不可不履行的义务。想要对别人作假许诺的人会立刻见到他这样是把那个别人只当做工具，以达到那个人自己没有的目的。为的是：我要用假许诺去利用的人绝不会赞同我对他的这种行为，所以他自己绝不会蓄有这个行为的目的。假如我提出侵犯别人的自由和财产做例子，那末，这种行为侵犯对别人的义务的原则就更明白了。因为在后一类的例，侵犯人权的人是立意只利用别人做工具，他并没有想到这些别人既然是有理性者，应该始终被尊为目的，就是只应该认为一定是自身能够蓄有这一个行为的目的者。[①]

① 不要以为那普通所谓“因为你不要遭受这件事云云”（*quod tibi non vis fieri, etc.*）在这种地方可以作为规律或原则。这个原则只是由前者演绎而出，再加几个限制罢了；这个原则不能够作为普遍规律，因为它没有包括对自己的义务的原则，也没有包括要慈惠别人的义务的原则（因为很多人只要不要他对别人施慈惠，他很愿意别人也不对他自己施慈惠），最后也不包括人对彼此的不可不履行的义务，因为依照这个原则，罪犯可以反驳施刑属于他的法官。以及诸如此类的事情。

第三,关于对自己的非必要的(格外的)义务。行为不侵犯在我们本人而自身就是目的之人性,还是不够,行为一定要与这人性相调和。人性中含有可以更进完美的能力,这些能力是自然赋予我们人性的目的。忽视这些能力也许可以保存自身即目的之人性,但不能够促进这个目的。

第四,关于对别人的格外义务。人人自然会有的目的是他自己的幸福。固然,假如人人都不会有意把别人的幸福剥削一点,那末,纵使没有一个人肯把别人的幸福增进一点,人类也许还可以存在;可是,假如人人都不想尽他的力量促进别人的目的,这种情形究竟只是消极地与自身即目的之人性不冲突,但并没有积极地与这个目的相调和。为的是:假如'任何人自身就是目的'这个概念要对我完全发生效力,那末,这个人的目的应该尽量认为也是我的目的。

人以及一切有理性者自身是个目的(这是人人的行动自由的最重要的限制条件),这个原则并不是由经验弄来。这,一来,因为这个原则是普遍的,适用于一切有理性者的;而没有什么经验能够这样普遍适用。二来,因为这个原则并不是表示人性在主观方面是人的目的(那就是说,人性是人自己实际认为目的之对象),乃是认人性是个客观目的(这个目的无论如何一定要认为构成一切我们的主观目的之最高限制条件之规律,因此,这个原则一定是出于纯粹理性)。据第一个原则,一切实践规律制定的客观根据是规则以及使规则成为规律(也许是自然律)的普遍性;但是它的主观根据是在于它所祈向的目的。照第二个原则,一切有理性者自身既都是目的,所以每个有理性者都是一切目的之主体。因此,意志的第三个实践原则就是:'个个有理性者的意志都是颁定普遍律的意志'这个观念——这个原则就是使意志与普遍的实践理性相调和的最高条件。

根据这个原则,一切与意志是颁定普遍律者这个观念不相容的行为格准都要排除掉。所以意志不特要服从规律,并且因为一定要认意志自己为颁定这个规律者而服从,意志也只为这个理由,才服从这个规律。

上述的令式,一种是根据于行动合乎普遍律这个观念的,例如在自然界,一种是根据于有理性者普有的自身就是目的之优越地位。这些令式,不过因为是认为无待的,所以它的权威才完全不根据于任何利益的动机。然而,我们前此只是假定这些令式是无待的,因为必须有这么一个假定才可以解释义务这个观念。我们前此不能够独立地证明实有发无待的命令的实践命题,并且在这一章内也不能够证明这个。但有一件事可做的,就是,知道在出于义务心的立志,任何利益都要舍弃——这是无待令式所以别于有待令式的特点而用无待令式内所含的规定来表示这个特点。现在表示这个原理的(第三)公式,就是,个个有理性者的意志都是颁定普遍律者这个观念,正是做这一件可做的事。

虽然服从规律的意志也许是为利益的关系而归服于这个规律,然而自身就是最高的颁定规律者的意志,因其是这样定律者,绝不能够依靠着任何利益;因为依靠利益的意志一定自己还要有别个规律,用这个利益应适用为普遍律这个条件去限制这个意志的自私的利益心。

人的意志个个都是它的一切格准就是普遍律的意志——这个

原则，[①]假如在别的方面有理，一定很宜于做无待令式：理由在于：正因为颁定普遍律这个观念，所以这个原则不是依靠着任何利益；因之在一切可能的令式之中，只有这个会是无条件的。或是，更好一点，我们把这个命题换位而说，假如有个无待令式（即适用于个个有理性者的意志的规律），那末，它只能发这样的命令，就是：假如一个人的意志可以认为能够立志要它自己颁定普遍律的，那末，一切行为都要依照这个意志的格准进行。为的是：只有这样，这个意志所遵循的实践原则和令式才是无条件的；因为在这种情形之下，这个原则和令式才不会是依靠任何利益的。

到了这里，假如我们把前人对于寻求道德的原则的一切企图回看一遍，那末，一切这些企图完全失败似乎不足为奇。以前人看到人因为义务起见应该服从规律，但没有人悟到他所服从的规律，虽是普遍有效的，只是他自己颁定的，并且他不得不只照他自己意志行为，而这一个意志的自然目的是要它颁定普遍律的。假如，不管规律什么样子，人只是服从它，那末，我们一定要认为他是受什么利益刺激或拘束，使他遵循这个规律；因为规律既然不是出于他自己的意志，那末，一定有他意志以外什么东西强迫他遵循这个规律。因为这一个完全免不了的结论，所以一切想求得义务的最高原则的努力完全白费了。人始终没有找到义务，只找到一定要为某种私的或公的利益而行动这个必要。因此，这个令式当然始终只是有条件的，绝不会有道德命令的力量。所以，我把道德的最高

① 我可以不必再举例说明这个原则，因为那些已用以说明无待令式和它的公式的例也都可以用来说明这个原则。

原则叫做意志自律的原则，以与一切其他原则分别——这些别的原则，我叫做他律的原则。

个个有理性者在他意志的一切格准上一定要认他自己是在颁定普遍律，用以评判他自己和他的一切行为的普遍律——这个概念引出另一个附属的很有结果的概念；这另一个概念就是目的国。

我所谓国，是说各个不同的有理性者由共同规律的关系合成一个系统。规律把某些目的定为普遍有效，所以，假如我们把有理性者彼此间的个人差异以及一切他们私人目的所特有的内容撇开，那末，我们就可以得到一切目的完全合成一个系统（包括自己就是目的之有理性者以及各个特有之目的）这个概念；换言之，我们就可以得到合乎上文所说的那些原则的一个目的国这个概念。

每个人应该将他自己和别人总不只当作工具，始终认为也是目的——这是一切有理性者都服从的规律。这样由共同的客观规律的关系就产生一个由一切有理性者组成的系统。这个系统可以叫做目的国，因为这些规律的用意就在于将一切有理性者彼此间连成目的与工具的关系。当然，这个目的国只是一个理想。

假如一个有理性者颁定普遍律于目的国，同时自己也顺从这些规律，那末，他就成了这个目的国中的一分子。假如他颁定规律而自己不受任何别的有理性者的意志的支配，那末，他就是这国中的元首。

目的国所以可能，是由于意志自由；在这个国内，有理性者总要认自己或是以一分子的资格或是以元首的资格颁定规律。元首的地位不能只用他意志的格准维持；只有他是完全独立者，毫无需要，并有满足他的意志的无限的力量，才能够维持这个地位。

这样说，道德就在于将一切行为参照惟一的会产生目的国的规律制定。这种定律作用一定是每个有理性者本性中所固有的，并且一定是发自他自己的意志。因此，这个意志的原则就是：永远不要依照任何不能作为普遍律的格准去行为。那就是说，你行为要做到意志可以认它自己就以它的格准颁作普遍律。假如格准不是自然会合乎以有理性者为普遍律制定者这个客观原则，那末，要遵照这个原则行动的必要就叫做实践上的强制，也就是义务。无疑，义务不适用于目的国的元首，但适用于这个国内的一切分子，并且适用于一切分子到一样的程度。

遵照这个原则去行为这个实践上必要，即义务，并不出于情感、冲动或爱好，只是由于有理性者彼此间的关系。在这种关系上头，总要认有理性者的意志是制定规律的，因为否则不能认这个意志自身就是目的。理性既是认意志是颁定普遍律者，它就把意志的一切格准参照一切其他意志，并参照一切对自己的行为。这样做并不是由于任何其他动机，或任何将来的利益，乃是由于这个观念，即只遵循他自己手定的规律的有理性者具有尊严这个观念。

在目的国内，个个不是有价值，就是有尊严。凡是有价值的，都可以用别的等值的东西代替；反之，任何高于一切价值，因而没有等值的东西的，就有尊严。

凡是应付人类的一般爱好和需要的东西都有个买卖的价值；凡是不预期有需要而与某一种好尚相应的，就是满足我们能力的无用处的游戏的东西都有赏玩的价值。但是，那使任何事物能够自身成为目的之惟一条件不特有相对的贵重性，就是有价值，而且有根本的贵重性，就是有尊严。

只有在道德这个条件之下，有理性者才能够自己成个目的，因为只有这样，他才会在目的国内做个制定规律的分子。因此，只有道德，和能具道德的人格是有尊严的。劳工方面的技巧和勤勉有买卖的价值；语妙、活泼的想象，和风趣有赏玩的价值。反之，信于践诺，为主义（不是为生性）而慈惠，有根本的贵重性。假如缺乏这些美德，无论是自然，是人为，都不能够弄出能够代替它的东西，因为这些所以贵重不在于它所产生的结果，也不在于它所取得的功用与利益，只在于内心的性格，就是在于随时可必发为信诺，慈惠的行为的那些出于意志的格准，纵使这些行为没有得到所求的结果也没有关系。这些行为也用不着任何主观的鉴赏或情感的推重，使得人立刻对它喜欢满意，它用不着人对它有什么直接的倾向或感情；它使履行它的意志成了直接可敬的对象。只需理性就可以把这些行为强加于意志，并不是恭维意志，哄它去做——用恭维哄人履行义务是自相矛盾。所以，这种评价指明这么一个性格的贵重性就是尊严，并且认为这种性格比一切价值都高得无数倍；人不能够片刻把它与这些价值互相估论比较而不至侵犯它的神圣性的。

那末，美德或在道德方面美好的性格有什么正当的理由，使它能够以这种高尚的地位自居呢？这个正当的理由就在于美德能替有理性者取得参与颁定普遍律的工作的权利。美德既然能使有理性者参与定律工作，也就使他取得做目的国的一分子的资格。有理性者自身本就是目的，因之他在目的国内是定律者，他不受任何自然律的支配，他只服从他自己定的，并使他格准能作普遍律的那些规律：他的这种本性已经预定他会有作目的国的一分子的权利。

除了规律所赋予的以外，没有什么东西会贵重。决定一切贵重性的定律工作，就因为它决定一切贵重性，它自身就一定尊严，那就是说，它有绝对的无比的贵重性，只有‘尊重，这个话才可以表示有理性者对它应有的崇奉。这样说，自律是人以及一切有理性者所以尊严的根据。

以上所说的表示道德原则的三种方式根本只是同一规律的几个不同的说法，并且其中任何一个说法都包含着其他两个。但是三者之中有个不同；这个不同与其说是在客观的实践的，宁可说是在主观的实践的——用意在于（以某种比拟法）使理性的观念更与直觉相近，因而更与感情相近。其实，一切格准都有——

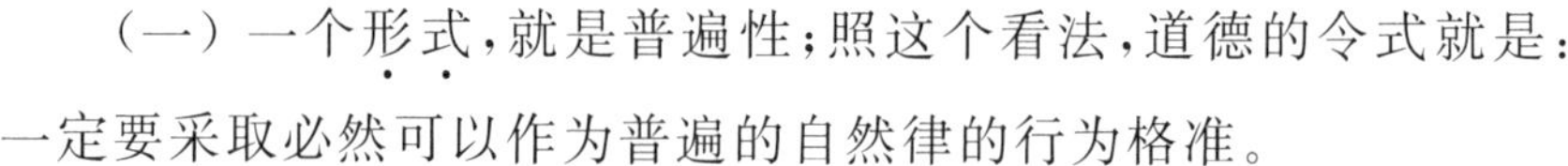

（一）一个形式，就是普遍性；照这个看法，道德的令式就是：一定要采取必然可以作为普遍的自然律的行为格准。

（二）一个实质，[①]就是目的；它的公式是：有理性者，因为他照他的本性是个目的，所以自身就是目的，所以一定要在一切格准上作为限制一切相对的任意的目的之条件。

（三）用一个公式把一切格准的性质完全限定；这个公式就是，一切格准应该由它自己的定律工作与可能的目的国相调和，像与自然国相调和一样。[②] 这三个范畴——意志的形式的统一性

① 译者按原文内与“实质”相当的字是‘Maxime’。阿博特氏等以为一定是‘Materie’的错误。照上下文看，阿氏之说是对的。因此我们照译“实质”。较新的版已校改作“实质”。

② 目的说（Teleology）把自然国认做目的国；伦理学把可能的目的国认做自然国。在前者，目的国是个理论的观念，用以解释实有的事物。在后者，目的国是个实践的观念，用以产生还未实现，但我们行为能够使它实现的对象，并且我们能使它实现得合乎这个观念。

(意志的普遍性),意志的实质(对象,即目的)的多数性,这些目的所组成的系统的整个性——的次序内有一种渐进的步骤。要我们对于行为下道德的判断,最好是总照严密的方法进行,先以无待令式的普遍公式为根据;这个公式就是:照能够作为普遍律的格准去行为。可是,假如我们要使道德律'通过',那末,把同一个行为同时归到在上述这三个概念,因而尽量使它更接近直觉,这是个很有用的方法。

现在我们可以回到我们起初讨论的概念,就是绝对好的意志这个概念。不能坏的意志是绝对好的,换言之,这个意志的格准,假如作为普遍律,绝不会自相矛盾。因此,始终照你能够发志愿,要它成为普遍律的格准去行为——这个原则就是这种意志的最高律。只有在这个条件之下,意志才会永远不自相矛盾;并且这么一个令式就是无待的。因为意志所以能作为行为的普遍律,与万物的存在由于普遍律的普遍维系(这就是自然界的形式方面)相似,所以无待令式可以说是:照能够同时把自身作为普遍的自然律的格准去行为。这就是表示绝对好的意志的公式。

有理性者与世界的其余物类的分别就在于有理性者能够替自己立个目的。这个目的就成为个个好意志的实质(内容)。可是,于绝对好的,绝不受任何(求达这个或那个目的的)条件所限制的意志这个观念上,我们一定要把一切有待于求达的目的撇开(因为这些目的使一切意志变成只是相对地好)。因此,在这种地方,目的一定不要认为有待于求达的目的,应该认为一个独立地存在的目的。在消极方面,我们认为绝对好的意志是我们永远不要反乎它去行动的意志,并且在我们立志的一切时期,一定要始终不把它只当做工具，而推尊它为目的。这个目的一定是具有一切可能的目的者，因为它也是具有可能的绝对好的意志者；因为使这种意志服从任何其他对象，一定要陷于矛盾的。所以，对一切有理性者（你自己和别人）要这样行为，使在你的格准内一切有理性者自身都就是目的；照同时可以普遍适用于一切有理性者的格准去行为：这两个原则根本是相同的。为什么呢？因为在用工具以求达任何目的之时，我应该把它要能作为一切行为者的行为律这个条件限制我的格准；一切行为格准的根本原则一定是：一切具有目的者（即有理性者自身）始终不应该只当做工具，应该作为限制一切工具的使用的最高条件（那就是说，永远同时认为目的），这两句话归结是一样的。

因此，无疑地，不论有理性者服从什么样的规律，他自身既然是个目的，一定能够认他自己是把这些规律定为普遍律的；因为他所以自身就是目的，正因为他的格准配做普遍律。他格准宜为普遍律这件事，就使他有高于一切单纯自然物的尊严（特权）；他对他格准的看法，始终是要将他自己和一切别的有理性者认为颁定规律者（因为是定律者，所以他被称为人），这样，有理性者的世界（即所谓智性世界）就会成为目的国；所以会成这样，是由于一切人以目的国的一分子的资格而定律。因此，一切有理性者行为的方式，一定要以为从他的格准上看，他永远是全目的国的定律分子。这些格准之形式的原则就是：你要这样行为，使你的格准也可以作为（一切有理性者的）普遍律。目的国所以可能，只由于与自然界的情形比拟，不过目的国只依照格准，即自己加于自己的规律：自然界只依照由外力强迫而作用的动因的规律。但是，自然系统虽是被认为机械，但是就它以有理性者为目的这一点说，并因为这一点，人称它为自然国。假如格准是普遍遵行(这是无待令式管理一切有理性者的法规)，这么一个目的国就会实现。一个有理性者，就是他自己谨遵这个格准，也保不住一切其余有理性者因此也谨遵它，也不能预期自然国与自然国的有目的之秩序会使他做个相宜的分子，期于自然界成个他自己使之可能的目的国，换言之，不能预期自然国有利于他求幸福的期望。但是，“照一个为只是可能的目的国内颁定普遍律的分子的格准去行为”这个规律还是完全有效的，因为这个规律是无待的命令。就在这个地方，有个诡怪的道理，就是：只是人因其为有理性者而具有的尊严，并不问因理性而求达的目的或利益，换言之，对于纯然观念的尊重，却能够作为意志万不可不从的训诫：并且这个格准的崇高伟大正因为它完全独立，不倚靠这种的行为动机；一切有理性的行为者配做目的国的定律分子，正是由于这种独立不倚；因为否则他一定要被认为只是受制于支配他的需要的自然律了。就是假定自然国与目的国有个共同的元首，因而目的国不只是观念而是事实，这样，这个观念固然可以得到一个强有力的动机，但也绝不能增加它根本的贵重。为的是：虽则如此，我们始终要认为这个惟一的绝对定律者要评定各个有理性者是多么贵重，也只能依据他们的由人的尊严这个观念所指定的超乎利己心的行为。事物的实质并不因为它对外的关系而变更；撇开对外关系，单独构成人的绝对贵重性的行为，人也一定要就这种行为受评判，无论谁是评判者；就是上帝，也要这样。所以道德是行为对于意志的自律之关系，也就是行为对于可能的以意志的格准制定普遍律的关系。合乎意志的自律的行为是得许

可的；不合乎这种自律的行为是被禁止的。格准必定与自律的规律吻合的意志是个圣洁的意志，绝对好的意志。不绝对好的意志依据自律的原则（道德的强制）就是责务作用。责务不适用于圣洁者。出于责务的行为所具有的客观的必要性就叫做义务。

由刚才所说的看来，我们很容易解释为什么虽然义务这个概念含着服从规律的意义，我们还是以为履行个人的一切义务的人具有一种尊严与伟大。固然，就他服从道德律这一点说，他并不伟大；但是，因为对于这个道德律，他就是定律者，并且他只为这个缘故，才服从它，所以他才算伟大。我们在上文已经指明：也不是恐惧，也不是爱好，只有尊重规律，才能够使行为在道德上可贵。假如我们认为我们意志只在它的格准会充作普遍律这个条件之下发生作用，那末，这个我们所可有的理想的意志就是应该受尊重的；人的尊严就在于这个能够作普遍律的制定者的资格，不过人自己也得要服从他所定的这种规律罢了。

意志的自律是道德的最高原则

意志的自律，就是指意志能够成为自己的规律这个特性（完全与意志的对象的任何特性无关）。因此，自律原则就是：意志的取舍，必要使你取舍的格准可以作为普遍律。我们不能够单单分析这个实践规则所有的概念，就证明这个规则是个令式，就是说，不能证明一切有理性者的意志必须受这个规则的拘束，因为这个规则是个综合的命题。我们一定要从对象的认识再进一步，把主体，即纯粹实践理性，作批判的研究，因为这个发出自明的命令的综合命题一定可以完全不待经验而直接认识的。这个题目不在这一章的范围之内。自律原则是道德之惟一原则:这只需把道德所含的概念分析,就可以明白。因为这样分析了之后,我们就知道道德的原则是个无待的令式,又知道这个令式所命令的正是这个自律。

意志的他律是一切假的道德原则的来源

假如意志从它的格准宜于作为它自定的普遍律这一点以外寻找决定它的规律,假如意志越出自身以外,从它的任何对象的特性寻找这个规律,那末,结果总是他律。如果这样,意志就不是自己给自己定律;这个规律乃是与意志有关系的对象给它的。这个关系,无论是依据爱好,或是依据理性的概念,都只能够产生有待令式;因为我要别一件事,所以我才做这一件事。反之,道德令式说,因而就是无待令式说:纵使我不要什么别的东西,我也应该这样做。例如,有待令式说:假如我要保全我的名誉,我就不应该说谎;无待令式说:纵使说谎丝毫不会使我不名誉,我也不应该说谎。因此,无待令式一定要撇开一切对象,使它对意志一点没有影响,期于实践理性(意志)不至只是经营它自身以外的利益,期于它能够作为最高定律者来表现它的无上权威。例如,我应该努力促进别人的幸福,并不是因为实现别人的幸福与我有什么相干(无论是由于直接爱好,或是由于间接从理性得到的什么满意),只因为我们不能一面不顾别人幸福而同时发愿要这种行为格准作为普遍律。

一切以他律为其基本概念的道德原则的分类

人的纯粹理性，假如不经过批判的研究，总是先把一切错的方法都试过，才找到惟一的不错的法子。在这里同在其他地方都是这样。

一切可以从这个观点（即出于他律的）采取的学说，不是经验的就是纯理的。经验的学说，由幸福学说来的，是根据关于身体的或精神的情感。纯理的学说，由完满学说来的，是根据我们理性以为可以得到的完满这个概念，或是根据于决定我们意志的独立的完满性（上帝的意志）这个概念。

经验的学说完全不能够作为道德律的基础，为的是：假如道德律以人的特性，或人所处的偶然环境为基础，那末，这些规律就失掉它适用于一切有理性者的普遍性，失掉它拘束一切有理性者的那种无条件的必须实践的性质。但是，私人幸福学说所以最可反对；不只因为它是错的，并且经验与“人的境遇越顺，他的品行就越好”这个假定相反；也不只因为这个学说对于建立道德律毫无贡献（毫无贡献的理由是：使人顺利和使人善良是完全两件事，使人对于他自己的利益会打算，很精明，和使他有美德也是两件事）。这个学说的坏处乃在于它所给予道德的来源是反而颠覆道德，反而毁灭道德的伟大性的；因为这些来源把为善和为恶的动机弄成同类，而且只教我们会打更好的算盘；这样一来，善与恶的分别完全弄到没有了。在另一方面，又有些人假定人有辨别道德的特别感官，[①]即道德之感。假如不能思想的人相信在关乎普遍律的事情上，情感能够帮助他们，那末，这样求教于道德之感是很浅薄的：并且情感，因其有无数的程度上差别，不能够弄出一个一致的善恶标准；任何人也没有凭他自己情感替别人下判断的权利。然而，这个道德之感直接认定美德能使人满足，受人尊重，并不说破我们爱美德不是为它的美而是为利益，在这一点上，道德之感比较地与道德和道德的尊严更接近些。

说到关于道德的纯理的根据，那末，完满这个本体论的概念，虽然有缺乏，比那由上帝的绝对完满的意志引申出道德的神学的概念总好些。诚然，前一个概念是空虚的，不确定的，因此要想用它从无量数的可能的实在之中找到与我们相称的最大量的实在是做不到的；并且，要想把我们此刻所说的实在与每个其他实在分别，这个概念不免要犯循环论的毛病，暗暗先假定正要它解释的道德概念。然而，它还是比神学的概念好。不特因为我们对于上帝的完满不能够直觉，只能由我们自己的概念演绎出来，而这些概念中最重要的恰恰就是道德，所以我们的解释只是循环论证，而是因为假如我们避免这个循环，所剩下的上帝意志的概念只是要光荣和要优势的欲望和可怕的强权与报复观念联合而成的概念；任何根据这个概念的伦理系统都是直接与道德相反的。

① 我认为道德之感这个学说包括在幸福学说之内，因一切出于经验的兴趣都由于一件事物所能呈献的愉快，才会增进我们的福利，无论这愉快是直接满足，并不想到沾利，或是为沾利起见。我们一定也要同哈赤逊(Hutcheson)一样，把对他人幸福的同情归在他所假定的道德感之内。

根据完满概念和道德感的这两个系统，虽然完全不能做道德的基础，但至少不至削弱道德。所以，假如我要在道德之感这个概念和完满概念之中选择一个，那末，我还是选后种概念。因为至少后种概念不让我们的感性（sensibility，译者按：意指感官的嗜欲）判决这个问题，而把它诉于纯粹理性。纵使它在理性之下也不能作何判决，那末，无论如何，它把（自身是好的意志）这个不确定的观念保全，免于堕落腐化，使将来人好加以比较精密的审定。

至于其余的学说，我可以不必在这本书内把它一起细细反驳。这样反驳只是多余的，因为这是太容易了，并且大概就是必须决定要从这些学说之中采取那一种（因为听众一定受不了这个问题老悬而不决）的人也知道很清楚。但是，这里使我们更关切的事情是：一切这些学说所奠定的道德的第一基础只是意志的他律，因此这些学说一定要达不到它的目的。

假如一定要假定一个为意志所求的对象，才可以规定那决定意志的规则，那末，这个规则总不过是他律；所含的令式总是有条件的，就是，假如或因为一个人想要这个对象，他就应该如此如此。因此，这个令式始终不能够发道德的命令，换言之，不能够发无待令式。无论这个对象是凭借个人爱好支配意志，如私人幸福说所假定的，或是用那对付我们的可能志愿的对象之理性支配意志，如完满学说所假定的，意志总不是自己用对于行为自身的概念直接决定自己，只是用预期这个行为可以得到的结果对于意志的影响决定自己——因为我想要别一件事，所以我应该做这一件事。并且在这里我是行为者，我们一定要假定在我，还有别个规律；因为这个规律，我才必须立志要这个别的事物。而这一个规律又须有另一个令式限制它。为的是：对于行为者能力所及的对象的概念凭借他的本性而左右他的意志的这种冲动，是靠着行为者的性质，或是感性（爱好和赏识），或是智性与理性（因为智性理性的特质，运用智性理性是会引起满意的）。所以，正当地说，这个规律是自然所赋予的。因为如此，它一定是由于经验才知道，一定要用经验证明；所以，它只是不必然的，不能充作自明的实践规律——而道德律却必须是自明的实践规律。不特如此，并且这个规律一定只是他律；它不是意志自己颁定的，它是一个外来冲动，利用行为者易于接受它的特性而颁定的。

绝对好的意志的原则一定是个无待令式；这种意志对一切对象都是不确定的，只是含着立志作用的形式。这个立志的形式就是根于自律；自律就是说每个好意志的格准都能够充作普遍律。只有这个自律是一切有理性者自束的规律，用不着借助于任何冲动或利益心。

这么个超乎经验的综合的实践的命题怎么可能，为什么必要——要把这些问题解决，并不是道德形而上学的事情。我们并没有在这里断定这个命题是真实的，更没有自命有把它证明的能力。我们只是把公认的对于道德概念的发展来指明意志的自律一定与这个概念相连，并且，就是这个概念的基础。凡是认道德是实在的，不是虚妄幻想的人，一定也要承认这里所举的道德原则。所以，这一章，同上一章一样，只是分析的。假如无待令式以及意志的自律是真的，而且因其是超验的原则，是绝对必要的，那末，道德一定不是我们脑里的虚构。要证明道德不是虚幻，一定要假定纯粹实践理性可供综合之用。但是，假如我们没有先把纯粹实践理性作个批判的研究，我们就不能够冒昧这样假定。在最后一章内，我们要把这种批判说个大纲，以够应付我们的讨论为度。

第三章　由道德形而上学转到对于纯粹实践理性的批判

论自由这个概念是解释意志自律之关键

就生类是有理性的这一点说，意志是生类所有的一种起因作用（即发生结果的作用）。假如这个起因作用，不用任何外来的原因决定它，也生效力，那末，自由就是这种起因作用的特性，就像自然界的必然性是由外来原因决定的起因作用的特性一样（一切无理性者的起因作用都有后一种特性）。

上头说的，对于自由的定义是消极的，它不能够使我们发现自由的实质；但是它能引到一个更富意义更有结果的积极概念。起因这个概念隐含“由规律（德文 Gesetz）规定”这个概念，由是因为有所谓原因，它的结果就必须规定（德文 Gesetzt）出来。因此，自由必须不被认为无规律，自由不过是不服从自然界的定律罢了，自由的原因必须遵照不变的规律发生作用，但这些规律是自由原因所特有的；其实，离开规律，自由意志就毫无意义。自然界的必然性隐含着动因的他律；因为必须照有外物使这个原因发生作用，这个规律，才会有任何结果。所以，除了自律以外，即除了意志能作自己的规律之特性以外，意志自由还有什么意义呢？说“在一切行为上，意志是它自己的规律”只是说“意志的原则就是，只遵照可以使自身作为普遍律的格准去行为。”可是，这个正是无待令式的公式和道德的原则。所以，自由意志与合乎道德律的意志只是一件事。

假如我们由意志自由这个假定入手，那末，我们只需分析自由这个概念就可以见到道德和道德的原则。然而道德的原则——绝对好的意志就是它格准总可以认作普遍律的意志——还是一个综合命题。因为无论我们怎么样分析绝对好的意志这个概念，都得不到格准的这个特性。只是有个第三项，把自由与道德这两概念综合在一起，才可以从自由推演出道德。对于自由的积极概念会产生这个第三项；并且自然这个概念不能够产生第三项（因为在自然界，因果关系是一个东西与另一个东西的关系）。我们此刻不能够就指出这个由自由指引出来的并且我们有个超验的观念的第三项是什么，也不能够使怎样可以从纯粹实践理性引申出自由这个概念这个道理以及无待令式怎样可能弄得明白；我们得要先作一些初步的研究。

论我们必须先假定自由是一切有理性者的意志的特性

除非我们有充分理由说一切有理性者的意志都是自由的，我们据任何理由说人的意志是自由的，都是不充分的。只因为我们是有理性者，道德才是适用于我们的规律。所以道德一定是适用于一切有理性者。但是只有自由者才会有道德;因此我们必须证明一切有理性者的意志都是自由的。要用某些所谓对于人性的经验证明这个自由是不够的(这样证明是完全不可能的,因为这个只能用超验的方式证明的);我们一定要证明一切有意志的有理性者的活动是自由的。我要说:个个除了在自由这个观念之下不能行动者,正因为这个缘故,就他的行动上说,是真正自由的。换言之,好像从理论方面[①]能够证明他的意志是自由的,那样,他一定要认一切与自由有不可分解的关系的规律都对他有效。我再要说:我们一定要认为一切具有意志的有理性者都有自由这个观念,因为有理性者个个始终是依这个观念行事。我们一定要承认有理性者有个实践的理性,就是能作它的对象的原因的理性。要设想有个理性,明知地让外来势力左右它的判断,这是不可能的事情;因为假如这样,行为者会以为不是理性决定他的判断,乃是自然的冲动决定它。因此,理性必须认它自己是建立它行为的原则者,并且以为它完全不受任何外力的操纵,所以,理性,无论是认为实践理性,或认为有理性者的意志,一定要以为它自己是自由的。换言之,只在有理性者依自由这个观念行动之时,他的意志才是他自己的意志。因此,在实践方面,必须认为一切有理性者都有自由意志。

① 我假定自由只是有理性者以为他们的行为所隐含的一个观念;我采用这个方法,因为要免得要从理论方面证明有这个自由。为我这里讨论起见,只这样假定就行了;因为纵然弄不出理论的证明,一个只能依自由这个观念而行动者,和一个实际自由者都是要服从相同的规律的。这样,我们在这里就能够避免掉那个理论方面的责任。

论附属于道德观念的兴趣

我们毕竟把对于道德的确定概念追溯到自由这个观念。可是,我们不能够证明我们或人性真是自由的;只是我们见到了:假如不先假定自由,我们就不能以为我们是有理性的,并且是觉得是我们行为的起因的,换言之,就是具有意志的。我们也见到了:正因为同一理由,一切具有理性和意志者一定是依他们自由这个观念决定他们的行动。

因为先假定自由,所以我们觉得有个行为律,就是我们行为的主观原则(即格准)必须始终具有做客观的或普遍的原则的效力;并且可以作为是我们自己制定的普遍律。但是,为什么只因我有理性就得要遵循这个原则,而且为什么这样一来就弄得一切有理性者也得要遵循这同一个原则呢?纵然承认我不是为兴趣所强迫而服从(因为假如是这样强迫,就绝不能有无待令式),我也必须对于这个原则发生兴趣,而穷究我何以服从它。为的是:这个“我应该如此”实在就是“我立意要如此”是对于一切有理性者都有效的,只要理性是不受障碍而完全决定他的行为的话。可是,在像我们这样的有理性者,除了理性之外,还受别的动机——感性——的影响,纯然由理性发动的事情不一定会实行:所以,在我们,那种必要性就不过只是一个“应该”,而且主观的必要性与客观的必要性也不相同。

似乎我们只是先在自由这个观念之中假定道德律,即假定意志自由原则,似乎我们不能够证明道德律自身是实在的并在客观方面是必要的。就是当真如此，我们也已经得了不少的利益，因为至少我们把真正原则勘定得比从前更精确些。可是，对于这个原则的效力和人在实行上须服从它的必要，我们一点没有进一步的了解。因为假如有人问我们，为什么我们的行为格准可以做普遍律这一层必须作为节制我们行为的条件，并我们所认为这样行为的贵重性（贵重到我们不能有什么比这个更高的兴趣）根据什么；假如又问我们，何以人相信他觉得他自己贵重只是由于这样行为，（比起这个，愉快或不快的境遇算来只等于零）：对于这些问题，我们不能够作满意的答复。

我们有时候见到：假如个人的品性，不牵连任何对于内外情况的兴趣的，使我们能够在理性万一分派给我们这个情况的时候参与这种情况，那末，我们对于这一个品性就能够发生兴趣。换言之，单是配有幸福这个品性自身就可以使我们发生兴趣，纵然没有分享这个幸福的动机也可以这样。但是，这个见解，其实只是我们前此所假定的道德律的重要性的结果（所谓重要就是指因为自由这个观念，我们撇开一切经验的兴趣）。可是，为什么我们应该撇开这些兴趣，那就是，要以为我们自由行动而同时服从某些规律，从而只向我们自己身上寻求贵重性（这种贵重可以抵补那丢掉一切使我们情境有价值的事物的损失）。这个道理，我们还不能够这样看出来，而且我们也不了解我们何以会这样行这——换言之，不了解**道德律何由得到它的使人不可不遵行的力量**。

我们必须坦白地承认这里有种循环论——似乎逃不掉的循环。我们假定我们在做动因这方面是自由的，使得在目的国方面我们可以认为我们能够服从道德律；到后，我们却因为我们已经认

我们有意志的自由，就以为我们须服从这些规律。自由以及意志的自己为自己定律都是自律，因此这两个概念是互相隐含的；正因为这个缘故，任何一个概念不能够用以解释别一个概念，或作为别一个概念的理由。至多这种办法也只是在逻辑上要把对于同一对象的显似不同的概念化为单个概念时候才可以使用（就像我们把同一数值的不同的分数约为最简式一样）。

我们还剩有一个办法，就是去研究看看：到底在我们由自由观念设想我们是超乎经验的动因的时候，和在我们由亲见的结果，即由我们的行为，得到对于我们自己的概念的时候——在这两种时候，我们会不会是取不同的观点呢。

一切不是由我们立意而发生的意念（例如起于感官的意念）只能够使我们知道外物的影响我们的那方面；这些对象自身是什么，我们仍然不知道，因此就是我们对这类的意念尽智力所及，用极深切的注意考究它，我们也只能够由它得到对于现象的知识，始终得不到对于物自身的知识：这些话用不着深思之后才能说，而且我们可以假定就是具极平常的智力的人也能说，不过在这种人，他用他的方法——用那个模糊的他所谓情感的察觉力罢了。这个分别一经成立（也许只是由于见到我们被动地感到的外来意念，与由于我们主动而产生的意念两者不相同，而悟到这种分别），我们就必须承认并假定在现象后面有个非现象的东西，就是物自身；不过我们一定要承认：因为除了在这些物自身影响我们这方面以外，我们永远不能知道它，所以我们不能够对它再接近一点，也始终不会知道它自身是什么。这个分别一定要引出感觉世界与智性世界的分别，无论这个分别是多么粗陋的。感觉世界也许随各观察者感官印象的不同而变异，但作感觉世界的基础的智性世界总是只有一个。就是对一个人自身，他也不能够自命可以由他用内省得到的知识而知道他自身究竟是什么。为的是：他并没有自己创造自己，不是超乎经验而是凭借经验得到对于他自身的概念；结果当然就是他对自己的知识，也只能得自内感，因而只能得自他本性的现象以及他意识被影响的方式。同时，在这些由现象构成的他自己的特性以外，他必须假定有个什么做这些特性的根基——即他的自我——无论这自我的特性是怎么样的。这样，人对于别知并接受感觉这方面，一定要算他自己是属于感觉世界的；但对于他所可有的纯粹主动这方面（直接到达意识而不经由感官的活动），一定要算他自己属于智性世界——不过对这个世界，他没有更进一步的知识罢了。

深思的人对于一切呈现于他的事物，一定会得到这种结论；就是具极平凡的智力的人大概也会有这种结论，因为大家很知道这种人很容易以为感官对象之后还有个不可见而自己主动的东西。可是，他们立刻又把这个看不见的具体化，作为感官对象，这就弄坏了；换言之，他们要把这个物自身弄成直觉的对象，所以他们在这上头并没有更澈悟一点点。

人自身实在有个使他与万物有别，并且与他受外物影响那方面的自我有别，的能力；这个能力就是理性。理性是纯粹自发，所以比智性都还高。为的是：智性虽然也是自发，不像感官那样只含着我们被动地受外物影响而后起的意念，但是智性只能够产生那些把感官意念规则化并把它联合在一个意识之内的概念，此外不能产生什么；并且倘若没有这样利用感官，智性就绝不能够有思想作用。反之，理性在所谓理念（Ideas）这方面那么纯乎自发，弄到它高于感官所能贡献的一切东西；并且理性的最重要的功能就在于把感觉世界与智性世界分别开，因而规定智性的限界。

因为这个缘故，有理性者，就他是智性这方面看（不是就他较低级的能力看），一定要认他自己是属于智性世界，不属于感觉世界。因此，他要打量他自己，要认识那支配他那些能力的运用的，因而认识支配他的一切行为的那些规律，都有两个观点可以根据：第一，从他属于感觉世界这个观点看，他见到他自己是受制于自然律的（他律）；第二，从他属于智性世界这个观点看，他见到他自己是受制于超乎自然界，不根据经验而只根据理性的规律。

就他是有理性者，因而是智性世界的一分子这方面论，人除了依照自由这个观念之外不能够设想他自己意志起因的方式，因为不受感觉世界的原因的支配（理性始终必定认它自己具有这种独立性）就是自由。我们知道，自由这个观念与自律这个概念是分不开的，自律的概念又与道德的普遍原则是分不开的——这个普遍原则，从理想上论，是有理性者的一切行为的根据，就像自然律是一切现象的根据一样。

我们在上文说过：我们由自由转到自律，再由自律转到道德律，似乎隐隐含着一个循环论，换言之，因为道德律，我们成立了自由这个观念，这似乎不过要使后来我们可以由自由的观念推演出道德律来；因此，我们对道德律，绝不能说出什么理由，只能认为是个好意的人很情愿承认而我们始终不能作为可得证明的命题的丐问谬论（*petitio principii*）——可是，现在这个疑虑消除了。因为我们现在见到在我们自认为自由的当儿，我们把自己作为智性世界的分子而承认意志的自律以及自律的后果——道德；在我们自认为受制于道德义务的当儿，我们是以为我们同时属于感觉世界和智性世界这两方面。

无待令式何以可能

一个有理性者，因其是智性，将他自己认为智性世界的一分子，并且只因为他是属于这个世界的一个动因，他才把他自己的起因能力命为意志。从另一方面说，他又自觉得他是感觉世界的一部分——他的行为在这个世界内表现的方式，只是那个起因能力的现象。但是，他不能看出那个起因何以会表现为他的行为，因为他对于这个起因，没有什么知识；因此他不得不认这些属于感觉世界的行为只是受其他现象的决定，就是受欲望和爱好的支配。假如一个人只是智性世界的一分子，他的一切行为一定会完全合乎意志的自律；假如他只是感觉世界的一部分，他必定被认为完全受制于欲望与爱好的自然律，即完全服从自然界的他律。前一种行为一定是根据道德的最高原则；后一种行为一定是根据幸福原理。但是，我们要知道智性世界是感觉世界的根据因而是那个世界的规律的根据。并且，因为意志完全属于智性世界，直接规定意志遵行的规律的就是智性世界。因此，就我是智性这方面论，我服从智性世界的规律，就是服从理性，虽是就我本性的另一方面论，我又属于感觉世界（理性，在自由这个观念内，含着智性世界的规律；我因为服从理性就自觉得是服从意志的自律）。我一定要把智性世界的规律，认为对我的令式，把合乎这些令式的行为认为义务。

因此，无待令式何以可能，是由于自由这个观念使我成为智性世界的一分子。假如我只属于智性世界，那末，我的一切行为一定会永远合乎意志的自律。但是，因为我直觉我也是感觉世界的一分子，我只能说我的行为应该合乎意志的自律。所以无待的"应该"是个超验的综合命题。在我的被感性欲望左右的意志之上，又综合地加上我的属于智性世界的，因而纯粹并自决的意志这个观念。因此，依据理性，纯粹意志是感性的意志的最高条件。这里所用的解释法大略与推演范畴的方法相似。为的是：使一切对于自然界的知识成为可能的超验的综合命题，如我们已经见到的，是靠着在感觉世界的直觉之上加了智性的纯粹概念——这些概念自身只是规律的一般形式罢了。

一般人类理性的实际运用也证实上文的道理。没有一个人（就是顶十足的流氓也没有），只要他在别方面惯于运用理性，当人把纯洁的志向，遵行好格准的毅力，同情并慈惠（乃至表现为对自己利益与安逸的大牺牲）的模范指示他的时候，会不愿望他自己也具有这些品性。只因为他的爱好和冲动，他才不能够自己也做到这样；他同时愿望他能够摆脱这种压迫他的爱好。他由这种愿望，证明他以一个超乎感性冲动的意志，在思想上，把他自己升迁到完全与他感性方面的欲望的世界不同的世界之内，因为他不能期望用那个愿望得到他欲望的任何满足，也不能得到什么可以满足他的任何实际的或假定的爱好的地位（因为这样就要把引他发那个愿望的观念的优势毁灭了），所以他所能期待的只是他个人够到较高的人品。自由这个观念（即超乎感觉世界的决定因而独立的观念）强迫他采取智性世界的一分子的观点；当他移到这个观点的时候，他就想象他自己是上说的那个品格较高的人。由这个观点，他觉得有个好意志；据他自白，这个好意志就是他因属于感觉世界而具有的坏意志的规律——这个规律的权威，他虽在侵犯时候也承认。所以，他在道德上所“应该”做的，就是他因为是智性世界的一分子而必定“愿要”做的；只是因为他同时认他自己又是感觉世界的一分子，他才以为这个“愿要”就是“应该”。

论一切实践哲学的极限

人人都以为他自己有意志的自由。一切对于虽则没有做，然而应该做过的行为的判断都是由这个自由来的。这个自由不是依据经验的概念，也不会是这种概念，因为纵然经验所表示的正与由自由这个假设所推得的必然结果相反，自由还是存在。从另一方面论，一切事变都为自然律所断然支配，这也是一样必然的。这个自然界的必然性也不是经验的概念，就是因为这个概念含着必然这个概念，因而也是超乎经验的认识。可是，自然界这个概念，是得经验的证实的；并且假如要经验成为可能，就是，要我们会有对于依照普遍律的感官对象的连贯知识，那末，就一定免不了要预先假定经验。因此，自由只是理性的一个理念；自由的客观存在是有疑问的。而自然却是智性的概念，这个概念要，而且必定要，以经验的实例证明自然的实在。

由是就产生了一种理性的辩证法，因为人认定意志所具有的自由似乎与自然界的必然性冲突，并且从理论方面看，理性在这两条路的中间，看到自然界的必然性这条路比自由那条路比较常走，

比较合用得多。但是，在实践上，只有自由这条狭路是我们行为可以应用理性的路。所以，顶深微的哲学，也像顶平凡的人的理性一样，绝不能用辩论把自由打消。哲学一定要假定同一的行为，它的自由与它在自然界的必然性之间并没有真正的冲突，因为哲学不特不能放弃自由这个概念，也一样不能放弃自然这个概念。

然而，纵然我们总不能了解怎么会有自由，我们也必须以使人信服的方式把这个表面好像有的冲突排除掉。因为假如自由这个观念与它自身，或是与自然（自由与自然是同等必要的）互相冲突，那末，自由一与自然界的必然性比量起来，自由一定要被放弃了。

但是，假如自觉为自由的主体当自命自由的时候，同他对于同一行为认他自己受制于自然律的时候，是依同一意义并在同一关系上认定他自己的自由，那末，要避免这个冲突一定是绝对不可能。因此，理论的哲学一定要指出何以他有这个冲突的错觉，是因为当我们说人是自由的时候，与当我们以为人是自然界的一部分而受制于自然律的时候，我们是依不同的意义和不同的关系看他。理论的哲学一定要证明这两方面不特能够并存，而且一定要认为必定在同一个人身上联合起来；因为否则我们没有什么理由以解释为什么我们弄出这一个理念（指自由）给理性难题做——我们要知道这个理念，虽则也许可以与别一个充分成立的观念（指自然界的必然性）调和而不至发生矛盾，但不免陷我们于一种纠纷（这种纠纷使理性在理论上运用时候不免要深深受窘）。可是，理论的哲学，只是因为要替实践哲学开路，才有解决这个难题的义务。因此，哲学家对于或是排除这个貌似的冲突，或是不理会它，他不能任意选定一件；因为假如他不理会，那末，关于这个问题的理论，要变成无主之地，这个地域，定命论者一定有权利进占，而且把道德无占用这地域的所有权为理由，将一切道德赶出所谓道德的领土之外。

然而，我们还不能说我们此刻正到了实践哲学的边境。因为解决那个争执并不是实践哲学的事情；实践哲学所要求于理论的理性的只是：这个理性要把它自己在理论的问题方面弄不清的矛盾消除，使得实践哲学可以安息，可以不受外来的攻击——这些攻击也许要使实践哲学要取作建设基础的地域弄成功了可以争论的问题。

纯乎主观地决定的原因，合成了纯乎感觉的世界，因而这些原因都包括在普通所谓感性之内。普通人觉得理性不受这种原因的支配；并且这个假定是经人承认的。就是普通人主张他有意志的自由也是根据这种自觉和这个假定。人既然这样以为他自己是智性，就把他自己搁在另一个世界之内，并且把他自己与完全另一种的决定的原因发生关系——一方面，他以为他自己是具有意志的智性，因而是具有起因能力的智性；一方面，他又觉得他是感觉世界的一个现象（其实他也是的），并且断定他的起因作用是依照自然律而受外力的决定。他很快觉到两方面都可以是对的，不实则这两方面非同时都对不可。为的是：说一个现象界的东西（属于感觉世界的）服从某些规律，而这同一个东西作为物自身论，却超乎这些规律；说他必须认自己有这两面的资格，在一方面，由于他觉得自己是个受感觉影响的物体，在另一方面，由于他觉得他自己是个智性，那就是说，在运用理性方面完全不受制于感觉印象（换言之，认自己是属于智性世界）——这里头并没有丝毫矛盾。

因此，人主张他具有特种意志——这种意志绝不关顾任何欲望与爱好。并且人以为他自己会实现那些只有不顾一切欲望爱好才能实践的行为，而且他必须实现。这种行为所以发生是由于他是智性，由于依智性世界的原则而起的结果和行为的规律。对于这个智性世界，他除了知道在这世界内只有超乎感觉的纯粹理性才能颁定规律这一件以外，绝不知道它此外的性质。并且，因为只是在这世界内，只是就他是智性的资格论，他才是他的"真吾"（他的人只是他的"真吾"的现象），那些规律才能直接地无条件地适用于他，所以由爱好和情欲（即由感觉世界的全部）的煽动不能够损坏那些支配作为他的智性的意志作用的规律。其实，他并不以为要对这些爱好情欲负责，他也不以为这些是出于他的"真吾"——他的意志。只在他让这些爱好情欲左右他的行为格准，排挤那些支配意志的合理规律的时候，他才认为纵容这些爱欲是他意志的责任。

当实践理性设想自己属于智性世界的时候，它并不是越出它应有的界限——假如实践理性企图用直觉或感觉直接觉到它自己是属于智性世界，那末，它就算越界了。理性设想自己属于智性世界，它只是消极地认为它自己不属于感觉世界——不属于不能为自己定下支配意志的规律的世界。这样思想只有一点是积极的——这一点就是，自由虽是消极的规定，但是与积极的能力，与理性的起因能力，即所谓意志的，联结在一起。换言之，意志就是使行为做到行为的原则合乎理性动机的精义的能力——这个精义就是，行为格准要可以作为普遍律这个条件。可是，假如实践理性要从智性世界借到意志的对象（即动机），那末，理性就越出它的正当界限了，它就是强不知以为知了。所以，智性世界这个概念只是感觉世界以外的一个观点；理性见到它要设想它自己是实践的，就不得不站在这个现象界外的立场。假如感性的势力够决定人的行为，那末，这样设想就绝不可能。这个设想是必要的，因为否则人不会自认为智性，因而也不能自命为合理的并由理性发动的（或说自由发动的）起因能力。无疑，这种思想含着一个观念，就是，那只关感觉世界的自然机构以外有另一个秩序另一系定律工作。因此，这种思想使人不得不设想有个智性世界，一切具'物自身'资格的有理性者的世界。但是，这种思想绝不能给我们理由可以将智性世界的形式的条件以外的方式设想这个世界——这个形式的条件，就是，意志的格准可以作为普遍律，也就是意志的自律。只有自律才不与意志的自由矛盾；反之，一切对于某个确定对象的规律只能有他律——他律只是自然律才具有，并且只能应用于感觉世界。

假如理性要去解释怎么样纯粹理性会成为实践理性，就是怎么样会有自由，那末，理性就完全越出它的正当界限了。

只有服从那些它的对象可以由经验呈献给我们的规律的事物，我们才能够解释它。但是，自由只是一个理念，它的客观的实在性绝不能依据自然律指明，因之，也不能由经验呈献给我们。因为这样，自由是始终不能够了解或觉察到的，因为我们不能用任何种比拟给它找到实例。其实，只是相信自己觉得有意志，就是，有与欲望不同的能力（这个能力就是以智性资格决定行为，即超乎本能而依照理性的规律决定行为的能力）者在理性方面必须有这么个假设罢了。要知道到了自然律的决定终止的地方，一切解释也要终止;我们所能做的只有辩护。有些人自命对事理具有比我们较深的澈悟,因而大胆武断绝不会有自由;把这些人的反对的理由驳掉就是辩护。我们只能指出给他们看:他们以为在自由观念中发现的矛盾只是由于他们的思想习惯,那就是说,因为要把自然律应用于人的行为,他们不得不认人是现象;到了我们要他们再把人认为具有'物自身'资格的智性的时候,他们还是以为人在这方面也只是现象。照他们这种想法,那末,说同一人的起因能力,即他的意志,完全超出感觉世界的一切规律之外,当然是一个自相矛盾的论调。然而,假如他们承认(照理底该承认)现象后面还有物自身;物自身,虽是我们观察不到,却是现象发生的根据;物自身行动的规律当然不会与它在现象界的表现的规律相同,那末,这个矛盾就消灭了。

从主观方面绝不能够解释意志的自由,与我们绝不能够发现并解释人对道德律会发生的兴趣[①]是同一件事。但是实际上,人对道德律是感兴趣的。对道德律的兴趣在我们方面的根据,就是我们所谓道德情感。有些人误认道德情感为我们道德判断的标准;其实,道德情感只应该认为道德律影响意志所生的主观的结

① 兴趣是理性所由成为实践理性(就是,决定意志的原因)的作用,所以,我们只对于有理性者说他对一件事感兴趣;无理性者只会觉到感觉性的冲动。只在理性的格准的普遍有效这一层就够决定意志的时候,理性才对行为发生直接的兴趣。只有这种兴趣是纯洁的。假如理性只是由另一个欲望对象或是由行为者的特项情感的依据才能决定意志,那末,理性对于行为只发生间接的兴趣。因为理性没有经验就不能发现意志的对象,不能发现那发动意志的特项情感,这种间接兴趣只是经验的,不是纯洁理性的兴趣。理性的逻辑兴趣(就是要把理性的洞悟扩大)始终不是直接的,总须预先假定那些使用理性去求达的目的。

果。只有理性才能作为道德律的客观的根据。

固然，要使有理性而又受感觉左右的人会立志做那理性独自认为应该做的行为，那末，必须理性有个能力使义务的履行会蕴蓄着愉快或满意的感情，那就是说，理性须有按照它自己的原则支配感觉性的欲望的起因能力。可是，要悟到何以仅仅一个思想，不含什么感觉的成分的，会自己产生愉快或痛苦的感觉，换言之，要不借经验说明这件事的所以然，是绝不可能。因为这不过是个特种因果作用，也像所有其他因果作用一样，我们不待经验是绝不能决定它的性质的；我们要知道它，一定要请教于经验。但是除了两个经验对象间的因果关系以外，经验不能够给我们什么因果关系。在当前的事例，虽然所生的结果显然是在经验之内，但是我们却以为原因是纯粹理性由绝非经验对象的纯粹理念发生作用。因此，在我们人看来，要解释怎么样并为什么行为格准作为普遍律这个观念会引起兴趣，即道德会引起兴趣，是绝不可能的事。只有一件事是确实的，那就是：并不是因为道德律引起我们的兴趣，它才对我们有效（因为如果这样，那就成了他律，成了实践理性反而借感觉性的欲望——情感——做它的原则了，那末，实践理性就始终不能立下道德律了），乃是因为道德律对我们人有效，它才引起我们的兴趣。它所以对我们人有效，是由于它的来源是在于我们以智性资格而具有的意志，换言之，在于我们的“真吾”；并且理性必定把只是现象的事物作为物自身的特性的附属件。

这样，我们能够指定使无待令式成为可能的惟一假设就是自由这个理念——在这个范围内，并且在我们能见到这个前提是必要的这个范围内，可以说怎么样会有无待令式这个问题得了答案

了。为理性的实践上运用,就是为要对于这个令式的效力,因而对于道德律起深信,这样看到就够了。可是,这个假设自身何以可能,是任何人的理性始终不能看到的。然而,根据"一个智性的意志是自由的"这个假设,一件必然的结果就是意志的自律——只有这自律就是决定意志的形式条件。这个意志自由不特很可以作个假设(因为不与"感觉世界的现象关系表现自然界的必然性"这个原理冲突),如理论哲学证明的;而且,一个有理性者,觉到有个凭借理性的起因能力(即与欲望不同的意志)的,不得不在实践上(即在理念上)认这个假设是他的一切有意的行为的条件。但是,要解释何以纯粹理性没有来自任何其他渊源的动机的帮助就自己能够做到实践,就是何以'理性的一切格准可以作普遍律'这个原则(这一定是纯粹实践理性的形式),无须有那项人能够预先发生兴趣的任何意志内容(对象),自身就能够产生动机;并要解释何以纯粹理性能产生纯粹道德的兴趣;换言之,要解释怎么样纯粹理性会成为实践理性,这是人类理性做不到的事情,一切想解释这个的劳苦都是白费了的。

假如我想知道意志的起因作用怎么样会自由,那末,情形也是相同(就是不能够解释);因为假如要解释这个,我就离开了哲学的解释的领域,就没有别的地方可走了。我也许可以翱翔于还剩下的智性世界(含有诸多智性的),但是虽然我对于这个世界有根据很好的理念,然而我对于这个世界绝没有知识,并且无论我的自然的理性能力怎么尽力,我也不能得到这种知识。这个理念只是指在我从指挥我意志的原理之中把一切属于感觉世界的事物排除了之后所剩下的,这个剩下的只是把来将那些出于感性的动机所含的原理加以限制；就是勘定这种原理的界限，并指明它并不包罗一切，它以外还有物；然而对于此物，我不能再知道什么。关于建立这个理想的纯粹理性，把一切内容——关于对象的知识——抽开之后，剩下的只是一个形式。这个形式就是，行为格准应该普遍有效这个实践规律，并与这律相合的一个关于理性的概念。这个概念就是，理性在于纯粹智性世界是可能的有效的原因，就是决定意志的原因。这里一定完全没有感性动机；否则这个对于智性世界的理念自身就是动机，就是理性原先发生兴趣的东西；但是要说明这个正是我们不能够解决的难题。

这就是一切道德研究的极限了。要使理性不至向感觉世界寻求最高动机和一个概念的而纯乎依据经验的兴趣，因而弄到大大妨害道德；要使理性不至在我们所谓智性世界的那些超绝概念的空虚（在理性看是空虚）中枉费心机而毫无进步，因而迷失于幻想之内：就是因为要这个，规定这个极限也是很重要的。此外，一切有智性者构成的纯粹智性世界——虽然我们同时属于感觉世界，但是我以有理性者的资格也属于这个智性世界——对于这个世界的观念，为求合理的信仰计，永远是个有用的合法的观念（虽然一切知识都只到这个世界的边缘就停止了）。这个观念设想一个由一切**目的自身**（有理性者）组成的世界，只是我们小心地把自由的格准当做自然律而遵行，才能够作这个世界的分子——这个观念所以有用就在于它利用目的国这个高尚理想使我们对道德律发生活跃的兴趣。

结　论

在理论上对于自然界应用理性，结果见到世界绝对必定有个最高原因。在实践上以自由为着眼点而应用理性，结果也见到一种绝对必然，但只是绝对必有支配有理性者自身的行为的规律罢了。要知道无论怎么应用理性，理性的主要精义就在于把它的知识推进，到了见到这种知识的必然性为止（假如没有这个必然性，就不成其为理性的知识）。可是，同一理性有个同等重要的限制，就是，除非假定某一事物存在或发生或应该发生的条件，理性是不能够见到这个存在的或发生的或应该发生的事物的必然性的。然而，由于这样不断追求条件，理性的满足只是一步一步地延搁下去。因此，理性不断寻求那绝对必然的，而且见到它不得不假定这个绝对必然的原理，不过理性没有能够使它自己了解这个必然原理的法子；假如它能找到一个合乎这个假定的概念，它就够心满意足了。所以，“人的理性不会使我们能够设想一个无条件的实践规律（无待令式一定是这种规律）的绝对必然性”这件事，并不是我们对于道德的最高原理的演绎上有什么错误，这乃是对于一切人类理性的应有的非议。我们不能因为理性不肯用一个条件（就是用一个假定为道德律的根据的兴趣）解释这个必然性而谴责理性，因为这样一来，就没有道德律了——没有自由的最高规律了。所以，虽然我们不了解道德令式在实践上的绝对必然性，但是我们却了解了它的不可了解的性质。平心而论，对于一个要想把它的原理推到人类理性的极限的哲学，我们所能要求的，也不过这样了。

本书重要名词英德汉文对照表

英文	德文	汉译
action	Handlung	行为，行动
analytic	analytisch	分析的
anthropology	Anthropologie	人类学
apodictic	apodiktisch	自明的
appearance	Erscheinung	现象
autonomy	Autonomie	自律
categorical	Kategorisch	无待
causality	Kausalität	起因作用
character	Oharakter	品格
critique	Kritik	批判
defense	Verteidigung	辩护
dialectical	dialektisch	辩证的
dignity	Würde	尊严
duty	Pflicht	义务
empirical	empirisch	经验的
end	Zweck	目的
example	Beispiele	榜样
Ethics	Ethik	伦理学
experience	Erfahrung	经验
explanation	Erklärung	解释
fancy value	Affektionspreis	赏玩价值
fatalist	Fatalist	定命论者

feeling	Gefühl	情感,感
form	Form	形式
formal	formal	形式的
freedom	Freiheit	自由
good	Gut	善好(道德的)
happiness	Glückseligkeit	幸福
heteronomy	Heteronomie	他律
hypothetical	hypothetisch	有待
idea	Idee	理念,观念
imperative	Imperativ	令式
inclination	Neigung	爱好
instinct	Instinkt	本能
intelligence	Intelligenz	智性
interest	Interesse	兴趣
intuition	Anschauung	直觉
kingdom of ends	Reich dor Zwecke	目的国
law	Gesetz	规律
logic	Logik	逻辑
market value	Marktpreis	买卖价值
material	material	实质的
matter	Materie	实质
maxim	Maxime	格准
means	Mittel	工具
member	Glied	分子
metaphysic	Metaphysik	形而上学
morality	Sittlichkeit,Moralität	道德
“morality”	Moral	道德学
moral philosophy	Sittenlehre	道德哲学
moral sense	das moralische Gefühl	道德感
Nature	Natur	自然,自然界

natural philosophy	Naturlehre	自然哲学
necessity	Notwendigkeit	必然性，必要
necessitation(obligation)	Nötigung	强制
objective	objektiv	客观的
obligation	Verbindlichkeit	责务
"ought"	Sollen	"应该"
perfection	Vollkommenheit	完满
person	Person	人
philosophy	Philosophie, Weltweisheit	哲学
Physics	Physik	自然学
practical	praktisch	实践的
pragmatic	pragmatisch	实利的
principle	Prinzip	原理，原则
problematic	problematisch	疑问的
proposition	Satz	命题
prudence	Klugheit	明哲
psychology	Psychologie, Seelenlehre	心理学
pure	rein	纯粹
rational being	das vernünftige Wesen	有理性者
reason	Vernunft	理性
respect	Achtung	尊重
sensation	Empfindung	感觉
sensibility	Sinnlichkeit	感性
sovereign	Oberhaupt	元首
speculative	spekulativ	理论的
subjective	subjektiv	主观的
synthetic	synthetisch	综合的
teleology	Teleologie	目的说
thing	Sache	"东西"
"things in themselves"	Ding an sioh	"物自身"

thought	Denken	思想
transcendental philosophy	Transcendantal-philosophie	超验哲学
understanding	Verstand	智性
universality	Allgemeinheit	普遍性
value	Preis	价值
virtue	Tugend	美德
volition	Wollen	立志作用
will	Wille	意志
world of sense	Sinnenwelt	感觉世界
world of understanding	Verstandswelt	智性世界
world，intelligible	Welt，intelligibele	智性世界
worth	Wert	贵重(性)

附拉丁文名词

a posteriori	依乎经验,依验
a priori	超乎经验,超验
consilia	劝告
mundus intelligibilis=Welt，intelligibele	智性世界
petitio principii	丐问谬论
proecepta	诫令

图书在版编目(CIP)数据

道德形上学探本/(德)康德著;唐钺译. —北京:商务印书馆,2017
(汉译世界学术名著丛书:120年纪念版:珍藏本)
ISBN 978-7-100-14873-3

Ⅰ. ①道… Ⅱ. ①康… ②唐… Ⅲ. ①伦理学—研究—德国—近代 Ⅳ. ①B82-095.16

中国版本图书馆CIP数据核字(2017)第160091号

权利保留,侵权必究。

汉译世界学术名著丛书
(120年纪念版·珍藏本)
道德形上学探本
〔德〕康德 著
唐 钺 译

商 务 印 书 馆 出 版
(北京王府井大街36号 邮政编码100710)
商 务 印 书 馆 发 行
北 京 冠 中 印 刷 厂 印 刷
ISBN 978-7-100-14873-3

2017年12月第1版 开本710×1000 1/16
2017年12月北京第1次印刷 印张6
定价:32.00元